はじめに

読者のみなさん、こんにちは。

みなさんは、面倒くさいことを、どうすればやらずにすませられるのかを考えたことがあるでしょうか。

「こんなのやりたくないよ～」ということは、日常生活の中にいくらでもありますよね。

生活の糧を得るためとはいえ、毎日仕事に出かけるのも面倒くさいですし、家事、育児、勉強、筋トレ、入浴、美容、すべての日課の中に、**「面倒くさいと感じる心」**が潜んでいるはずです。

面倒くさいことから、逃げまくり、かわしまくることができるのなら、それでいいのですが、現実的にはとてもムリ。「イヤだ、イヤだ……」と感じながらも、それでもやっぱりやらなければならないことって、たくさんありますよね。

そういう気持ちをきれいさっぱり吹き飛ばしてくれるのが本書です。

なんだか詐欺師の口上のようで気が引けるのですが、面倒くさい気持ちを吹き飛ばす魔法のような方法が、現実にたくさんあるんですよ（笑）。

あっ、今、「ウソだろう」と思いましたね。私にはわかるのですよ。なぜなら、心理学者ですから。

みなさんがインチキくさいと感じるのも今の段階ではしかたがありません。なにしろ、面倒なことは、どんなやり方をしたって、面倒くさいと感じるに決まっている、というのがみなさんの認識でしょうから。

けれども**面倒なことを、「面倒くさい」と感じないようにする心理テクニックは、いくらでもある**のです。それを本書ではたっぷりとご紹介していくつもりです。

といっても、ものすごく大変な精神修行のようなことをして、「苦痛を苦痛だと感じないようにする方法」ではありませんから、ご安心ください。

だれでも、手軽に実践できる方法だけを選りすぐりましたので、今すぐにでもお試しいただけるはずです。もちろん、効果のほうも保証します。

実を言うと、俗に〝要領のいい人〟と呼ばれるタイプの人たちは、**だれでも面倒くさいと感じるようなことを、面倒くさくないやり方で、ホイホイとこなしているの**です。だれに教えられたわけでもなく、自分なりにそういう方法を経験的に編み出したのでしょうね。

ほんの些細なこと、ほんのちょっとしたコツを知っているかどうかで、「面倒だと感じる心」はずいぶんと弱めることができます。

そういうコツを本書でたっぷりと学んでください。

なお、本書は、ただでさえ〝面倒くさがり屋〟のみなさんが、本を読んで勉強することさえ面倒くさいと感じないように、できるだけ話し言葉に近い形で、ものすごくくだけた書き方をしていくつもりです。これも「面倒くさい」と感じなくさせる方法の１つです（笑）。

それでは、最後までよろしくお付き合いくださいね。

内藤誼人

目次

第1章

日常生活の「面倒くさい…」がスッキリする心理法則

第2章

仕事の「面倒くさい…」がスッキリする心理テクニック

第3章

どうしてもやる気が出ないときの超簡単な裏ワザ

第 **4** 章

行動力のある人に生まれ変わる心理戦略

第5章

それでもやる気が出ない人のための心理法則

第 6 章

今すぐ何でもできる人になる！

カバーデザイン・本文イラスト　藤塚尚子（ｅｔｏｋｕｍｉ）、神林美生

第1章

日常生活の「面倒くさい…」がスッキリする心理法則

とりあえず最初の3週間は、苦しくてもやめないのがコツ

私たちは、習慣化されたことなら、面倒くさがらずにすることができます。なぜなら、習慣だからです。習慣というのは、もうやるのが当たり前というか、やらないと逆に落ち着かないような行動のことをいいます。

面倒くさいことを、面倒くさがらずにやるコツは、**とにかく習慣にしてしまうこと**。いったん習慣にしてしまえば、もう後は自動的にやることができます。苦しいとか、辛いとか、そういうこともほとんど感じません。

毎日、髪の毛を洗うことを習慣にしている人は、髪を洗うたびに面倒くさいと感じるかというと、絶対にそんなことはありません。

いちいち、やる気など引っ張り出してこなくとも、人間はそれをできるようになり

ます。どんなに辛いことでも、自動的にできるのなら、こんなにラクなことはないですよね。

みなさんは、「毎日30キロ走れ」と言われたら、どうですか。とてもではありませんが、絶対にムリだと思うのではないでしょうか。そんなことは面倒くさくて、とてもやる気にはなれません。

けれども、シドニー・オリンピック女子マラソンの金メダリスト、高橋尚子さんは現役時代には毎日30キロを走ることを日課にしていたそうです。

本人にとっては、それは習慣であって、まったく苦痛など感じなかったでしょう。「やるべきことをやっているだけ」という意識しかなかったと思います。

ある行動を習慣化するには、早い人で3週間かかります。ですから、最初の3週間は、どれほど辛かろうが、苦しかろうが、音を上げてはいけません。歯を食いしばってでも、毎日必ずやりましょう。**「3週間経てば、ラクになる」**と思って、この時期は休まずにつづけるのです。

新しい習慣の形成

＼朝食後には必ず1杯の水を飲む！／

ロンドン大学のフィリップ・ラリーは、大学生に「新しい習慣を形成させる」という実験をしてみました。

ランチのときに果物も一緒に食べるとか、朝食後に１杯の水を飲むとか、それまで自分でやっていなかった新しい習慣を形成させたのです。

参加者たちは毎日記録をとって、それをすることがまったく苦にならないレベル、すなわち習慣化されるまでの日数を測りました。

その結果、習慣が自動化されるまでには、かなりの幅があったのですが、だいたい18日から２５４日までの日数で習慣ができることがわかったのです。早い人では約3週間と言えます。

ただし、ここに重要な点があります。

習慣を形成するには、休まずにやらないとダメなのです。やったり、やらなかったり、ということでは習慣が形成されるまでに、どんどん時間がかかります。

200日も、300日もかかるのではイヤですよね。

なるべく早く習慣化したいのであれば、最初の3週間を乗り切って、さっさと習慣を身につけてしまうのがポイントですよ。

「待ち時間」は、他の何かを「する時間」に変えてみる

日常生活の中には、「この時間って、まったくムダだよな」と思われるものが少なくありません。

そういうものに気づいたら、できればその時間を**他の何かに当てる時間**に変えてください。

そうすれば、いちいち待たされて面倒くさいと感じることがなくなります。イライラもせずにすみます。

たとえば、パソコンが起動するまでの待ち時間。

パソコンの電源を入れても、しばらくは作業ができません。パッと起動するわけではないからです。

起動するまでの時間は、せいぜい1分くらいなものだと思うのですが、それでも

「待ち時間」から「する時間」へ

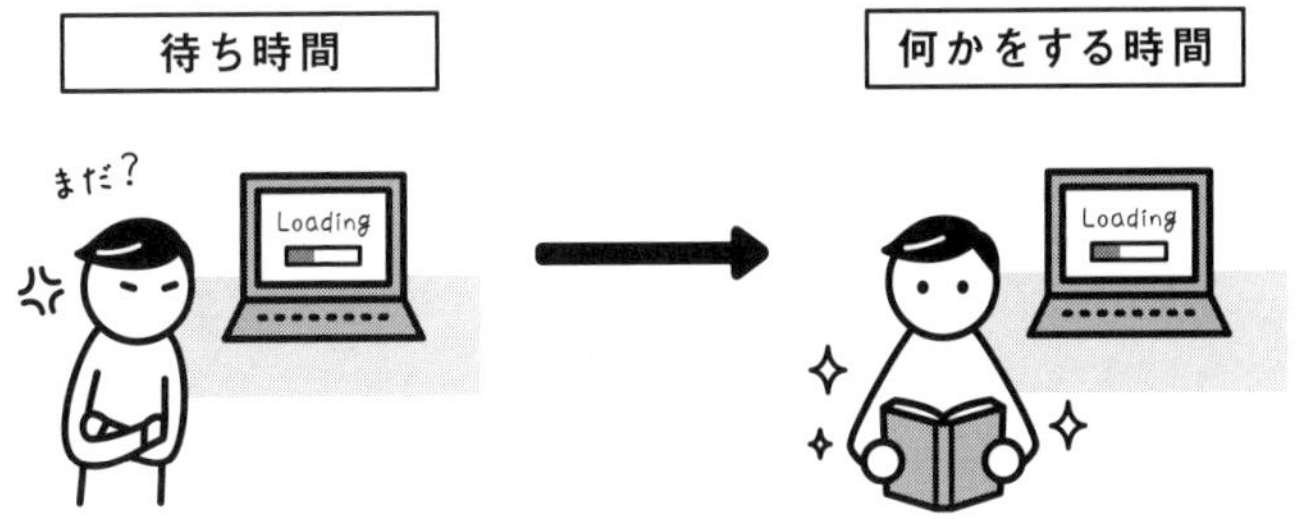

「待たされるのが面倒くさい」と思いませんか。

私は、面倒くさいと感じるタイプですから、いつでも机の上には、読みかけの本を置いておきます。そして、「起動するのに待たされる時間」を、「読書の時間」に変えています。

読書でもしていないと、面倒くさいんですよ。じっとパソコンが立ち上がるのを待っているだけというのは。

同じことを、東京大学大学院の西成活裕さんも実践しているそうです。

西成さんは、電源を入れてもしばらく作業に取り掛かれない時間がムダなので、その間にトイレに行くとか、書類に目を通すとか、何か別のことをやるようにしているそうです（西成活裕著、『無駄学』新潮選書）。

「面倒くさいな」と感じるのは、いちいち待たされることが原因かもしれません。

なのであれば、**待たされる時間をゼロにすること、つまりは、「他のことをする時間」にする**のが一番いいアイデア。そうすれば、面倒くさいとも感じなくなりますよ。

現代人は、やることをたくさん抱えています。ですから、昔の人に比べると、待つ時間が面倒くさいと感じることも多いと思います。

米国ネブラスカ大学のフィオナ・ナーは、ウェブのユーザーが情報をダウンロードするのに、どれだけ待てるのかを調べてみたことがあります。

いったい、どれくらい待てると思いますか。

正解を言うと、「わずか2秒」ですよ。たった2秒でもダウンロードが終了しないと、ユーザーはイラッとするらしいのです。

面倒くさくてイライラしたくないのであれば、「他に何かすること」を決めておきましょう。そうすれば、面倒くさいと感じなくてすみます。

電車やバスを待つ時間ですとか、信号機が青に切り替わるのを待つ時間ですとか、日常生活の中には、いろいろと待たされる時間があります。

そういう「面倒くさい時間」は、何か他のことをするといいでしょう。

受験生なら、英語の単語帳を持ち歩いて、ちょっと勉強するのもいいですね。「スマホでの情報検索の時間」にしてもかまいません。

たいしたことはできないかもしれませんが、他に何かすることがあれば、いちいち面倒くさいと感じずにすみ、精神的な健康にもいいだろうと思うのです。

いちいち整理整頓しない

何かの楽器を学ぼうと思ったら、練習が終わるたびに楽器をケースなどにしまってはいけません。なぜかというと、次に練習するとき、またわざわざケースから取り出してくるのはおっくうですし、面倒くさいから。

バイオリンやギターなどは、部屋の隅にでも、そのままむき出しで置いておくのが正解。むき出しで置いておけば、「ちょっと練習しようかな」と思ったときにすぐ練習できます。

ケースにきちんとしまって、しかも押入れやタンスにしまっておいたりすると、いちいち練習のたびに取り出してこなければならない、という手間がかかります。

そして、**手間が増えれば増えるほど、人間は面倒くさいと感じる**のですよ。

練習それ自体が面倒くさくなってしまって、よほど強い意志力がなければ、練習する気になりません。

やりかけの仕事はいちいち整理しない

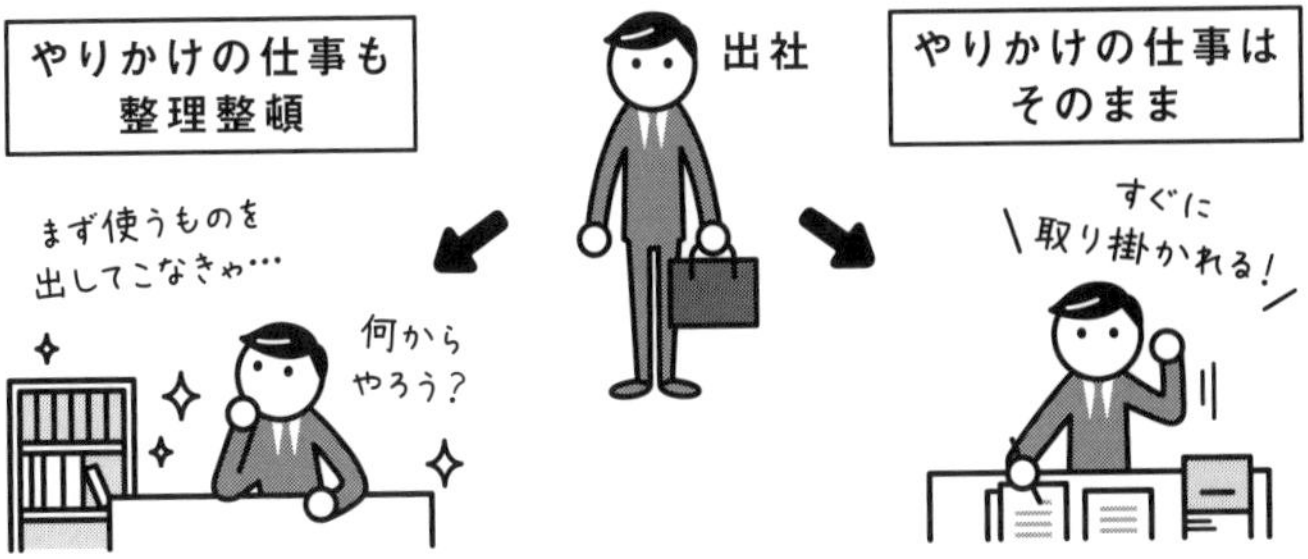
出社
やりかけの仕事も整理整頓
まず使うものを出してこなきゃ…
何からやろう？
やりかけの仕事はそのまま
すぐに取り掛かれる！

仕事も同じです。

やりかけの仕事などをきちんと片づけようとする人がいます。もちろん、整理整頓するということは大切ですが、翌日になって、それをもう一度取り出してくるのは、面倒くさいのではないでしょうか。

私は一つの仕事をするときには、その仕事が終わるまで整理整頓はしません。使った本や資料をいちいち棚に戻して、ということもしません。

なぜなら、どうせすぐに使うことがわかっているので、片づけるのが面倒ですし、また取り出してくるのはもっと面倒くさいからです。

たしかに机の上は乱雑になりますが、私の場合には、だいたい1週間から2週間ほどで1つの仕事が完了するので、それまではちょっと整理整頓は我慢するのです。

翌日、朝起きて、机に座ればすぐに仕事に取り掛かれるのであれば、そんなに面倒くさいとも感じません。

その点、いちいち資料を引っ張り出さなければならなかったりすると、「今日は、なんだか仕事したくないな」と仕事それ自体が面倒くさくなってしまいます。

面倒くさいと感じるのがイヤなら、**「作業の手間を減らす」**ことを考えましょう。

1つでも、2つでも、ほんのちょっとしたことでも、手間がかかるものは、手間がかからないようにしてみましょう。それだけで、精神的な面倒くささが軽減されるものです。

やらなければならない作業が増えると、私たちは苦痛を感じます。

心理学では、これを**「認知的負荷」**と呼びます。

1つのことだけをやるのなら面倒くさいと感じませんが、2つ、3つとやるべき作業が増えてくると、それだけ心に負荷がかかることになり、面倒くさいと感じるようになってしまうのです。

洋服は10着だけ持っていれば十分

読者のみなさんは、毎朝、「今日は、どの服を着ていこうかな?」と悩むことはないでしょうか。洋服の組み合わせなども考えなければならず、朝から面倒くさいと感じたりしているのではないでしょうか。

私には、そういう悩みがまったくありません。なぜかというと、私は洋服を10着くらいしか持っていないからです。

月曜日から金曜日まで、どの服を着るのかは、もう自動的に決まっています。洋服ダンスの一番右に吊るされているものを着て、クリーニングから戻ってきたものを一番左にかけると、だいたい2週間のサイクルで一巡します。ですから、洋服選びに悩む、ということがまったくないのです。

選択肢を減らして、洋服選びの手間をなくす

私は、自分が気に入っている洋服を10着しか持っていません。

自分のお気に入りだけで、ダサイと思うような洋服は1着もないので、「ダサく見えないかな？」という心配もありません。

ジェニファー・L・スコットの『フランス人は10着しか服を持たない』（大和書房）という本があるのですが、私がやっている方法は、まさにこれです。

毎朝、洋服選びが面倒くさいと感じている人は、洋服をたくさん持ちすぎているからそう感じるのです。

選択肢が増えれば、当然ながら、選ぶ手間がかかるわけですよ。選ぶ手間がかかるから、面

倒くさいのであって、選択肢を絞りに絞り込めば、面倒くさい気持ちなどなくなります。

ノースウエスタン大学のアレクサンダー・シャーネフは、4種類のチョコレートの詰め合わせから好きなものを選んでもらう条件と、16種類のチョコレートの詰め合わせから好きなものを選んでもらう条件で実験をしたことがあるのですが、4種類から選ばせたときのほうが、選ぶのも簡単ですし、選んだ後の満足度も高くなることもわかりました。

選択肢が増えると、選ぶ手間がかかるわりに、実際に何かを選んだとしても「もしかすると、他のほうがよかったかも？」と考えてしまったりして、不満に感じてしまうのです。

いらない洋服は、もう片っぱしから捨ててください。

タンスの肥やしになっているような洋服は、思い切って全部捨てましょう。

自分が本当に気に入っている洋服だけを残せば、毎日の洋服選びもラクになりますし、なにしろ自分のお気に入りなわけですから、毎日を気分よく過ごせます。

季節に合わせて、春物が10着、夏物が10着というように、できるだけ減らすのがポイントです。

もちろん、新しい洋服を買いたいと思うのなら、買ってもいいのですよ。ですが、いらない洋服もどんどん処分して、できるだけ減らしておくことが大切ということは覚えておきましょう。

選択肢がたくさんあるほど、アンハッピー

日本のように豊かな社会では、たくさんの選択肢が用意されています。

それは豊かな社会である証拠なのですが、いちいち選ぶのが面倒くさくなっているとも言えます。

そのため、**選ぶのが面倒くさいと感じないように、日常の決め事は、できるだけ「定型化」してしまいましょう。**

先ほど、毎日着る洋服を決めてしまっておくという話をしましたが、このルールは他のどんなことにでも当てはまります。

たとえば、ランチに何を食べるのかを決めるのが面倒くさいのなら、月曜日はこれ、火曜日はこれ、水曜日はこれ、というように定型化してしまうのです。あるいはいっそのこと、ランチは毎日これ、と決めてしまうのもいいでしょう。

選択肢を絞って定型化

毎日の食事の献立を決めるのが大変だという人もいるでしょう。

日本は豊かな社会なので、和食もあれば、中華も洋食もあり、食材も豊富ですから、料理のバリエーションがあまりに膨大なのです。

その点、昔の日本人は、食事の献立を考えるのが面倒くさいとも思いませんでした。

なにしろ、お米とお味噌汁と漬物だけでしたからね。何も考えることがありませんでした。

私の妻は、たぶん食事の献立で頭を悩ませるということがないはずです。なぜなら、一週間の献立が、我が家ではもう定型化されているからです。

たまに私が違うものをリクエストすることもありますが、基本的には曜日によって作るものが決まっているので、作るのは面倒かもしれませんが、少なくとも献立を考えることでの面倒はないはずです。

米国スワースモア大学のバリー・シュワルツは、1747名を対象にした調査を行い、**「選択肢が増えるほど、人はアンハッピーになる」**という結論を導き出しました。

たとえば、たくさんのテレビチャンネルをザッピングして、一番いい番組を探そうとすればするほど、テレビがつまらなくなります。

その点、テレビはこれとこれしか見ない、と決めている人のほうが、テレビ視聴に関して不満を抱かなくなるのです。

面倒なことは、とにかく選択肢を絞りに絞って、定型化してしまうのが一番です。定型化してしまえば、もう後はそれをするだけなので、頭を使わずにすみます。

料理を注文するときも、アラカルトであれこれと考えながら注文しようとするから面倒くさいのであって、新しいお店に入ったら必ず「シェフのおすすめのコースを選ぶ」と決めておけば、何も考える必要はありません。それにまた、おすすめのコースが一番リーズナブルでおいしいことが多いものです（だからこそ「おすすめ」なのですが）。

「いろいろと選ぶからこそ、楽しいのではないか？」

「全部が定型化されていたら、人生の楽しみがないではないか？」

そう思われる人がいるかもしれませんね。もちろん、選んでもいいのですよ。ですが、それは自分の大切だと思うところだけでやればいいのです。それ以外の日常のこまごましたところでは、**定型化して、できるだけ時間と労力をかけないようにする**のがコツです。

自分なりのルールをあらかじめ決めておく

たくさんの選択肢があると、人間はうんざりして、面倒な気持ちになります。選択肢を絞り込んでしまえばいいのですが、「どれを選んだらいいか、やっぱり悩んでしまう」ということがあるかもしれません。

そこで役立つのが、〝**自分ルール**〟。

選択肢が多すぎて迷ってしまったら、もうこれを選ぶ、という自分なりのルールをあらかじめ決めておくのです。

「迷ったら、これ」というものを決めておけば、もう迷うことはありません。自動的にそれを選べばいいのです。

野球には、「迷ったときにはアウトロー」という言葉があります。

ピッチャーがバッターに対して何を投げたらいいのかわからなくなってしまったときには、「とりあえずアウトローに放り込んでおけ」という意味です。なぜなら、アウトローのボールは、どんなバッターにとっても、一番打ちにくいからです。これも立派なルールでしょう。

オランダにあるライデン大学のダニエル・ティマーマンズは、いろいろな候補者の中から、ある仕事に最適な人を選び出させるという実験をしたことがありました。候補者の数は、３人、６人、９人。それぞれの候補者の比較すべき属性（性格、性別、年齢、キャリア、など）は５個か、12個です。

その結果、選択肢が６以上、属性が10以上だと、意思決定をするのがものすごく難しくなることがわかりました。私たちは、**選択肢が多くなると、どこをどう比較していいのかわからなくなり、迷いに迷ってしまう**ものなのです。

ところがティマーマンズは、**自分なりに「もう、ここだけ調べればいい」というルールを作ってしまえば、決定の難しさを減らせる**ということも明らかにしました。比較すべきものがいくらあろうが、そういうものを無視するように促すと、だれでも簡単に決めることができたのです。

自分ルールを決めておく

自分ルール
迷ったら安い方にする
どっちにしよう…
¥150
¥145
決まった！

買い物に出かけると、似たような商品がたくさん陳列棚に並んでいて、選ぶのが面倒くさいと感じるかもしれません。そんなときにも、「一番安いものを選ぶ」とか、「一番有名なブランドを選ぶ」とか、〝自分ルール〟をあらかじめ決めておけば、比較的簡単にホイホイと選べて、買い物もラクになります。

新しい洋服を買いに行くときにも、いろいろな商品に目移りしてしまい、選び出せずに困ってしまうのであれば、あらかじめ「迷ったら色は青」「迷ったらデザインはストライプ」など、自分なりのルールを決めておけば、そんなに時間もかからなくなります。

自分ルールに、客観性は必要ありません。とりあえず自分で納得できるようなルールであれば、それでまったくＯＫです。

一度に1つのことしかやらない

同時並行で、いくつかの仕事をこなせる人がいます。おそらくは器用なのでしょう。ですが、読者のみなさんは、それを真似てはいけません。

仕事をするときには、**一度に1つのことだけ**。2つも、3つも、やろうとしてはいけません。

複数の仕事を同時にやろうとすると、結局は、どちらの仕事もうまくできなくなります。一度に1つだけやったほうが集中もできますし、仕事の成果もあげやすくなるのです。

それにまた、複数の仕事をやろうとすると、片方の仕事をやっていても、もう片方の仕事が気になってしまって、どちらも中途半端になります。

スイスにあるバーゼル大学のベンジャミン・シェイベーンは、**やるべき仕事が増えるほど、その仕事へのモチベーションが下がる**ことを確認しています。つまりは、

「やる気が失せる」わけです。

あれもこれもやらなければと思うと、人はやる気が出ません。やるべきことが1つしかないから、やる気が出るのです。

スポーツのトレーニングでも、いろいろな練習をいっぺんにやろうとするよりは、たとえば、野球なら、今日はランニングだけをするとか、バッティングだけをするとか、1つの練習に特化したほうが、モチベーションも上がって、練習効率もよくなるのです。

仕事もそうです。

いろいろな仕事を抱えているにしろ、**いったんある仕事に取りかかったら、もう他のことは考えないようにしましょう。**とりあえず目の前の仕事に全力で取り組むのです。そのほうがさっさとその仕事を片づけることができます。それから次の仕事、その次の仕事、と順番にこなしていけばいいのです。

書類を作成しているときには、書類を作成することに集中しましょう。そこでメー

1つの仕事だけに集中する

○ 目の前の1つの仕事に集中する
＼1点集中！／
終わったから次の仕事をしよう
スッキリ
× 同時に複数の仕事をする
あれもやらなきゃ…
メールもチェックして…
やることが多くてやる気出ないな…

ルチェックをしようとしたり、ネットで情報を調べようとしたりすると、書類の作成に時間がかかります。

かりにメールチェックや、ネットでの情報検索が必要であっても、それは書類の作成が終わってからすればいいのであって、1つの仕事に取り組んでいるときには、もうその他のことには目を向けてはいけません。注意はすべて目の前の仕事に向けるべきなのです。

面倒くさがる人は、いっぺんにすべての仕事をこなそうとしますが、かえってひとつひとつの仕事が終わらずに、余計に面倒な思いをするのです。

よほど器用な人なら別ですが、基本的には、一度に1つずつこなしていったほうが、結局は、時間もかかりませんし、疲れもしません。

面倒くさいことを避けるため、あえて小さな面倒をやっておく

小学生で「かけ算の九九」を習います。習うのは、子どもにとってはものすごく面倒くさいものです。

しかし、九九を覚えておかないと、将来もっと面倒くさいことになります。九九を覚えるのは大変ですが、九九さえ覚えてしまえば、算数の計算はものすごくラクになるのです。中学生になっても、高校生になってもずっと役に立ちます。

将来の面倒くさいことを避けるために、あえて小さな面倒をやっておく、という発想をしましょう。

「これをやっておかないと、後でもっと面倒になりそうだな……」
「念のため、これもやっておくか、将来的に面倒にならないように」
こういう発想で、〝小さな面倒〟をやっておくのは非常に大切です。

小さな面倒が大きな面倒を減らす

小さな面倒を避ける
面倒だしわざわざ
納期確認メール
しなくてもいいいか
すみません
納期忘れてて…
大きな面倒
えー
小さな面倒をやっておく
面倒だけど、念のため
納期確認メールを
送っておくか…
小さな面倒
スケジュール通り
大きな面倒
を防げた！

自分でわざわざ面倒を抱え込むことになりますが、将来の、〃もっと大きな面倒〃を避けることができるのは、とてもありがたいことですよ。

クライアントにあえて連絡をしておく必要はなくとも、「念のためメール」を送って納期の確認」をしておけば、クライアントはきちんと納期を守ってくれるでしょう。

クライアントが「あっ、忘れた」ということになると、商品がきちんと届かず、確認の連絡をとらなかった自分のせいにされてしまいます。これはとても面倒くさいです。

そういうことを避けるため、小さな面倒（メールを送ることや電話をかけること）をしておくのです。

相手に「復唱」させるのもいいアイデアです。

面倒くさいと思われるかもしれませんが、相手に復唱してもらえば、後になって忘れるという手間を省くことができますからね。

イギリスにあるインフルエンス・アト・ワーク社のスティーブ・J・マーティンは、患者が約束の時間に診察にこないので病院が困っているという相談を受け、約束を守らせるために復唱のテクニックを使っています。

次回の予約をするとき、「次の診察は火曜日の午前10時半からです。復唱してください」とお願いしておくと、翌月には勝手にすっぽかしてしまう患者が減ったのです。

ちなみにマーティンは、さらに面倒くさいこと、つまり患者に「12345」といった予約の登録番号を見せて、それを自分でメモさせるようにすると、さらにすっぽかす患者が減ることを確認しています。

小さな面倒を嫌ってはいけません。

小さな面倒をやっておくからこそ、後々の大きな面倒を避けることができると思えば、小さな面倒をやっておくことは、むしろ自分にとっての「保険」とさえ言えるでしょう。

「まったく、いちいち面倒くさいな」と考えるのではなくて、「こうしておけば後になって面倒に巻き込まれずにすむな」と考えるのがコツです。

「ダンドリ」に時間をかける

料理を作るとき、きちんと下ごしらえをしておけば、肝心の料理は手早く作ることができます。

仕事もそうで、**きちんと下準備をしておいたほうが、かえって時間は浮く**ものです。まったく何の準備もせず、いきなり仕事をスタートさせたりすると、かえってムダが多くなり、余計に疲れて、面倒くさいと感じることになります。

小売店回りのルート営業をするのであれば、いきなり会社を出るのではなく、まずはどんなルートで回ればラクなのかを考えましょう。

たとえば、朝イチで出かけるところは会社から一番遠いところにして、そこから会社に戻ってくるような順番で訪問先の予定を組んでいくのです。

そういう下準備をしておけば、あっちへ行ったり、こっちへ行ったりする必要がな

仕事の手間を減らす下準備

営業に出る前
これも
聞かれそうだな…
一応準備して
おこう
訪問先
その資料は
こちらです！

しっかり準備しておけば
後の二度手間・三度手間をなくせる！

く、しかも夕方になるにつれて、会社にだんだん近づいていくので、「今日も、もうすぐ終わりだな。よし、もうひと頑張りするか！」とやる気も失われません。

また、営業に出向くときには、訪問先で聞かれそうなことを予測して、きちんとパンフレットや資料や契約書の下準備もしておきましょう。

「その資料は、後日、あらためてお持ちします」という二度手間、三度手間をしないためには、下準備が欠かせません。

出たとこ勝負で動くのは、まったくのムダで、かえって面倒くさそうだな、という発想をしましょう。

要領よく下準備しておけば、下準備の手間はかかるものの、その後の面倒は避けることができます。

電話をかけるときには、相手に伝えるべき内容をちょっとメモしておく、という下準備をしておけば、何を話せばいいのか言い忘れてしまうことがありません。

電話を切った後で、「あっ、そうだ。あれも伝えておかなきゃ」と思い出して、また電話をかけなおす、という面倒もありません。

あるいは、相手から「こんなことを聞かれそうだな」ということは、あらかじめきちんと調べてから電話をするのもいいでしょう。そうすれば、「ちょっと待ってください。今調べて後で折り返します」という手間も省けます。

カナダにあるクイーンズランド大学のジュリアン・バーリングは、カナダ全土の自動車ディーラーからランダムに60社を選んで、営業マンの成績と、彼らの仕事のダンドリを教えてもらいました。

その結果、**成績のいい営業マンほど、ダンドリ上手**であることがわかりました。そういう人はきっちり先を読みながら下準備をして、ムダな時間や労力を使わないようにしていたのです。

「毎日の仕事が面倒くさくてたまらない」という人は、仕事の内容が面倒くさいのではなくて、仕事のダンドリを間違えているから、面倒くさいことになっている、という可能性が非常に高いです。

自分の仕事のやり方を振り返ってみてください。ちょっと下準備をしておけば、面倒くさくならないようにできるのではないでしょうか。

面倒なことは、一気にまとめて

ダイニングキッチンの椅子がギーギーと音を出すようになったとします。ネジがゆるんでいるのです。きちんとネジを締めなおせば、問題は解決です。

しかし、ここでちょっと考えてみるのです。「同じ日に買った、同じ構造の椅子なんだから、他の椅子にもネジのゆるみがあるんじゃないか」と。

そこで、他の椅子についても、ついでにネジを締めてしまうのです。ちょっとだけ余計な手間がかかりますが、しばらくして他の椅子もギーギーと音が鳴りはじめ、そのたびに工具箱からネジ回しを取り出してこなければならない、という面倒は防ぐことができます。

オフィスの蛍光灯が切れかかって、チカチカしはじめたときもそうです。切れかかった蛍光灯を1本だけ新品に取り替えるのではなく、部屋全体、あるいはフロア全体の蛍光灯をそっくり取り替えてしまったほうがいいケースもあります。
そうすれば、「今度はこっち、次はあっち」といちいち脚立などを用意してきて、蛍光灯を取り替える手間が省けますからね。だいたい、どんなものでも、使用期限はほとんど同じですから、1つがダメになったら、他のものも早晩ダメになるのですよ。「まだ使える」などと考えると、別の日に面倒な手間が増えてしまいます。

面倒なことは、ちょこちょこと分散してやるのではなく、一気にまとめてこなしてしまうのがコツです。一気にやってしまったほうが、いちいちやる気を引っ張り出してくる必要がありません。

「ああ、そろそろこれも取り替えなきゃなあ……」と思っても、やる気にならないことが多いのです。ですから、ちょっとでもやる気があるときに、まとめていっぺんに片づけてしまったほうが、面倒くさいとは感じません。

勉強のときには、一気にまとめて勉強することを**「集中学習」**、少しずつ分散させて勉強することを**「分散学習」**といいます。

4時間ぶっ続けで勉強を終わらせるのが集中学習、一度に1時間、それを4回に分けて勉強するのが分散学習です。

一般的には、分散学習のほうが効果的だとはいわれています。

ニューヨーク州立大学のジョン・ドノヴァンは、集中学習と分散学習についての63の心理学研究を集めて比較してみましたが、「わずかに分散学習のほうが効果的」ということがわかったといいます。

とはいえ、私は個人的には集中学習のほうが好きです。ひょっとすると個人差があるのかもしれませんが、面倒な勉強は一気にまとめてこなしてしまったほうが、精神的に疲れずにすむように感じるのです。

もちろん、面倒なことを分散させてやるというのも1つの手ですが（これは次の項目で述べます）、その反対に、一気にまとめてやってしまうというやり方もあるのだということを覚えておいてください。そして、自分に合ったほうを選べばいいと思います。

面倒くさいものは、できるだけ分割してしまう

「うわあ〜、こんなのとてもムリ!!」

「絶対に、こんなのやりたくない!!」


そういう面倒な気持ちに押しつぶされそうになったら、**その作業をできるだけ細かく砕いて、分割してしまいましょう。**


大きな作業でも、ひとつひとつが小さくなっていれば、

「なんだ、そんなもんでいいのか」

「えっ、こんなの超楽ちん」

という気持ちになれるからです。

これを**「スイス・チーズ法」**と呼びます。

面倒な仕事は細かく分割する

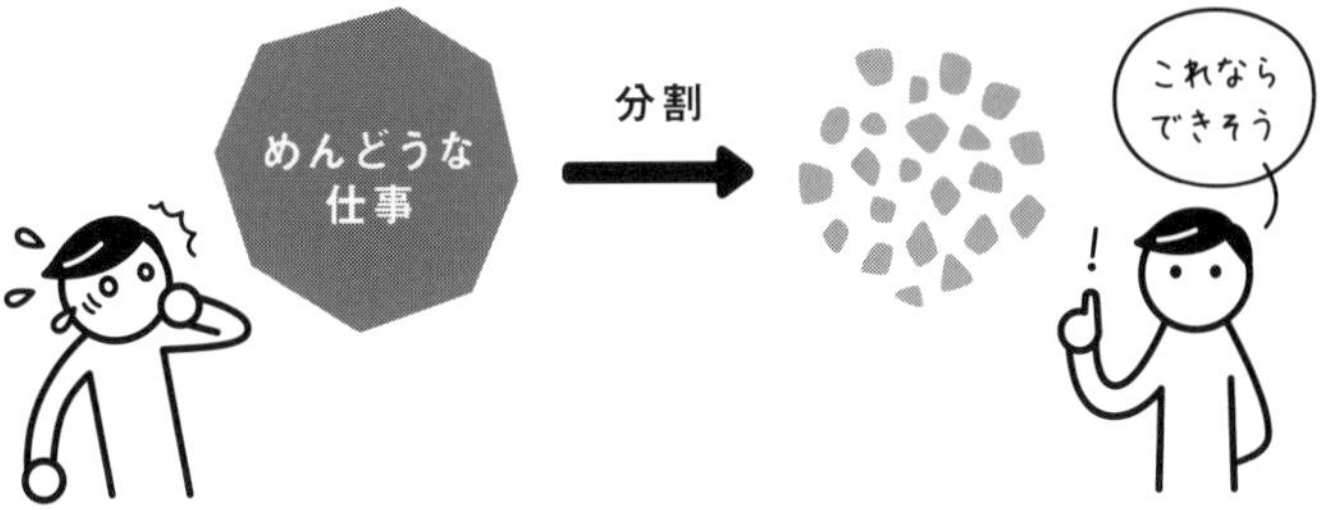

大きなスイス・チーズの塊を一度に食べるのは不可能でも、細かく砕いて食べていけば、最終的には、大きな塊でもまるまる食べることができる、というやり方です。

人によっては、**「エレファント・バイト法」**と呼ぶこともあります。大きなゾウでさえ、小さな肉片にしていけば、1頭まるまる食べることができる、という方法なので、まったくいっていることは同じです。

大きな作業を目の前にすると、私たちはどうしても尻込みしますし、やる気も出てきませんが、それを分割してしまえば、なんとでもなります。

そのときのコツは、**もうこれ以上には分割で**

きないよ、というくらいに分割してしまうこと。

そのほうがひとつひとつの作業はラクになりますから。

スタンフォード大学のアルバート・バンデューラは、7歳から10歳までの子どもを集めて、半分のグループには大きな課題を与えました。

すなわち、

「この258ページの算数の問題集を終わらせよう!」と伝えたのです。

残りのグループには、そういう大きな課題として出すのではなく、「この算数の問題集を少なくとも6ページずつやってみよう!」と小さな課題にして伝えました。

258ページもある問題集を1冊解くのは大変ですが、一日に6ページずつ、それを43日間でやればいいのなら、なんとかなりそうな気持ちになりませんか。

実際、大きな課題を出された子どものグループでは、きちんと全部終わらせることができたのは55%でした。およそ半分は、途中で脱落しちゃったのですね。

ところが、「一日に6ページでいいよ」と小さく分割されたグループでは、74%の子どもが何とか問題集を終わらせることができたのです。4分の3はクリアできたのですから、分割法が有効だったと言えます。

「どうしてもまとめてやる気にならない」というのであれば、分割してしまってかまいません。そのほうがやる気が出るのなら、ぜひこちらもお試しください。

第2章

仕事の「面倒くさい…」がスッキリする心理テクニック

面倒な仕事の後には、必ずごほうびを用意する

人間には単純なところがあって、たとえ苦しいことをするにしても、その後にちゃんと嬉しいごほうびが待っていると思えば、あまり苦しさを感じません。嬉しさのほうが勝るからですね。

勉強するのが好きな人なんて、あまりいないと思いますが、それでも勉強ができる人は、ちゃんと自分にごほうびを用意してあるものです。ごほうびがないのに一心不乱に勉強しようとしても、ちょっとムリですよ。

馬だって、目の前にニンジンがぶらさげられているから必死に走るのであって、ごほうびもないのに全力で走れ、といわれてもやる気にはならないでしょう。人間も動物も、その点はまったく同じです。

ごほうびがあれば、やる気がまったく違ってきます。

ですから、まずは自分にごほうびを用意することが大切です。

ただし、**ごほうびはあくまでも、「仕事の後」**にしなければなりません。ごほうびを先にすると、やる気が出ませんから。辛い思いをした後にごほうびを設定するというルールは絶対に守ってください。

ニューヨーク市立大学のヘファー・ベンベナッティは、大学生がコンサートや演劇やスポーツ観戦など、自分が大好きなことを先にやってから勉強するのか、それとも勉強を先にやって、楽しいことを後に回すのかを調べました。

その結果、やっぱりというか、「勉強が先で、ごほうびが後」という学生のほうが、やる気も高くなり、時間の使い方もうまくなり、さらには成績もよくなる、ということがわかりました。

勉強ができる人は、ちゃんと「ごほうびは後」というルールを守っているのですね。

面倒くさいことに取り組むときには、「これが終わったら、○○がもらえる」というごほうびを用意しておきましょう。

自分にごほうびを用意しておく

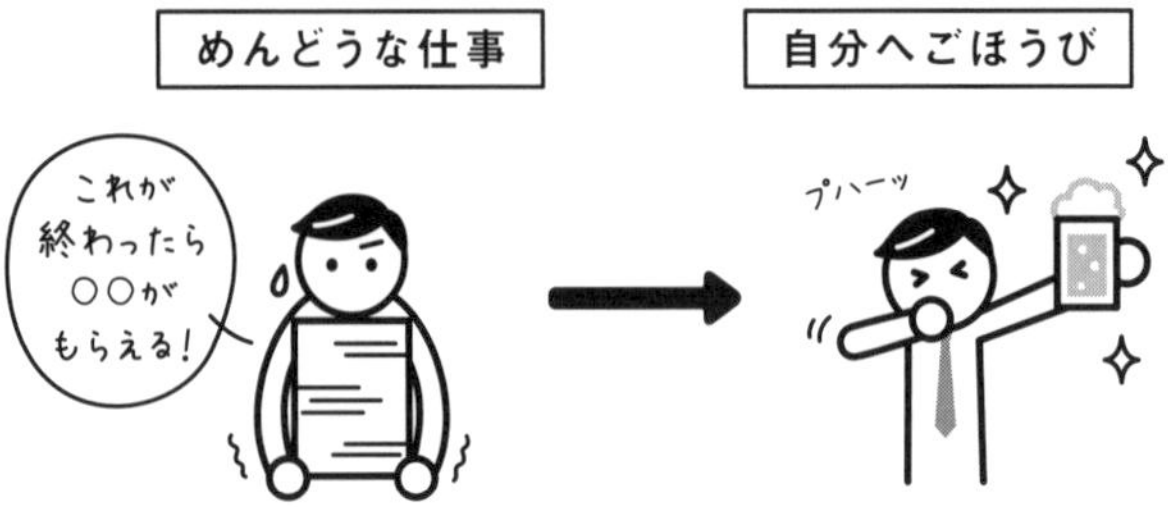

夏の暑い日に、庭の草むしりや枝払いをしなければならないのだとしたら、「これが終わったら、キンキンに冷えたビールを飲むぞ！」と決めておくのもいいでしょう。そういうごほうびがあれば、面倒な作業でも、ちっとも苦になりません。ごほうびのことを考えながら作業をすれば、気持ちのいい汗が流せるはずです。

「ウィークデーは、とにかく頑張って、週末には○○するんだ！」と思って仕事をしていれば、一週間の仕事も軽くこなせるでしょう。私は、土日には近くの釣堀に出かけるのを楽しみに、平日の仕事をこなしています。

何かしらごほうびを用意してあれば、人間は辛いことにも耐えられるのです。

ごほうびはいくつか用意しておくと、それだけでモチベーションが上がる

ごほうびを用意するときには、**1つだけ用意するのではなく、何個か用意しておく**といいでしょう。

結局、その中から1つだけしか選ばないのですけれども、ごほうびをたくさん用意しておくと、なぜか意味はないのにモチベーションが上がる、という研究があるのですよ。

南カリフォルニア大学のスコット・ウィルターマスは、テキストをただ書き写すという、ものすごく単純で退屈な作業をやらせる実験をしました。

その際、あるグループには、いくつかのごほうびの中から好きなものを選べるようにしました。ホットココア、ペン、電卓などのごほうびがあって、作業が終われば好きなものがもらえるのです。

別のグループでは、ごほうびは選べませんでした。全員にホットココアとか、全員にペンが配られて実験終了ということになっていたのです。

では、退屈な作業を20分間、頑張ってくれた人はどれだけいたのでしょうか。ごほうびが決められてしまっているグループでは、9・7%の人しか作業をつづけられませんでした。「ごほうびなんていらないから、もうやめる」とギブアップしてしまったのですね。

ところが、いくつかのごほうびの中から選べる条件では、20分間、作業に耐え抜いた人が34・4%もいたのです。3倍以上も頑張る人が増えたのですね。

この研究でわかるとおり、私たちは、たとえ結局は1つのごほうびしか得られなくとも、**いくつかのごほうびの中から選べるというだけで、モチベーションが上がってしまう**ようなのです。ですから、ごほうびを用意するときには、たとえ選べなくとも複数の選択肢を用意しておくといいですね。

「これが終わったら、ビールにしようかな。それともゲームをしようかな。それともDVDを観ようかな……」

こんな感じで、たくさんのごほうびを自分の目の前にちらつかせるのがポイントです。ごほうびがあると思えば、ウキウキして苦痛な作業もこなすことができるでしょう。

ただし、自分を甘やかして、3つも4つもごほうびをあげてはダメですよ。1回の作業で、ごほうびは1つだけ。他のごほうびがほしいのなら、また別の作業を頑張ってこなさなければなりません。

人間は打算的な生きものですから、何かしらのごほうびがなければ、とてもではありませんが、やる気なんて出ません。

たとえそれが、「ものすごく砂糖をたっぷり入れたコーヒー1杯だけ」だったとしても、とりあえずごほうびがあれば、人間は何時間もぶっ続けで仕事ができるものです。しかも、複数のごほうびから好きなものを選べるとなれば、さらにモチベーションは上がるはずです。

2割の仕事に全力を出して、残りの8割で手を抜く

自分に与えられた仕事には、何にでも全力で取り組むというのは、素晴らしいことです。そういう精神は、人間としての美徳でもあります。

ところがですよ。

やっぱり仕事というのは面倒くさいので、どこかで手を抜きたいというのが人情ではないでしょうか。

ですから、本気を出すのは2割くらいの仕事にしておいて、残りの8割ではちょっとくらい手を抜く、ということを自分に許してあげるのはどうでしょうか。そのほうが、やる気が出ると思いませんか。私はそうなのですが（笑）。

ビジネスマンなら、**パレートの法則**という超有名な法則をご存じでしょう。

イタリアの経済学者ヴィルフレド・パレートの法則で、**仕事の成果の大部分は、2**

2割の仕事で本気を出す

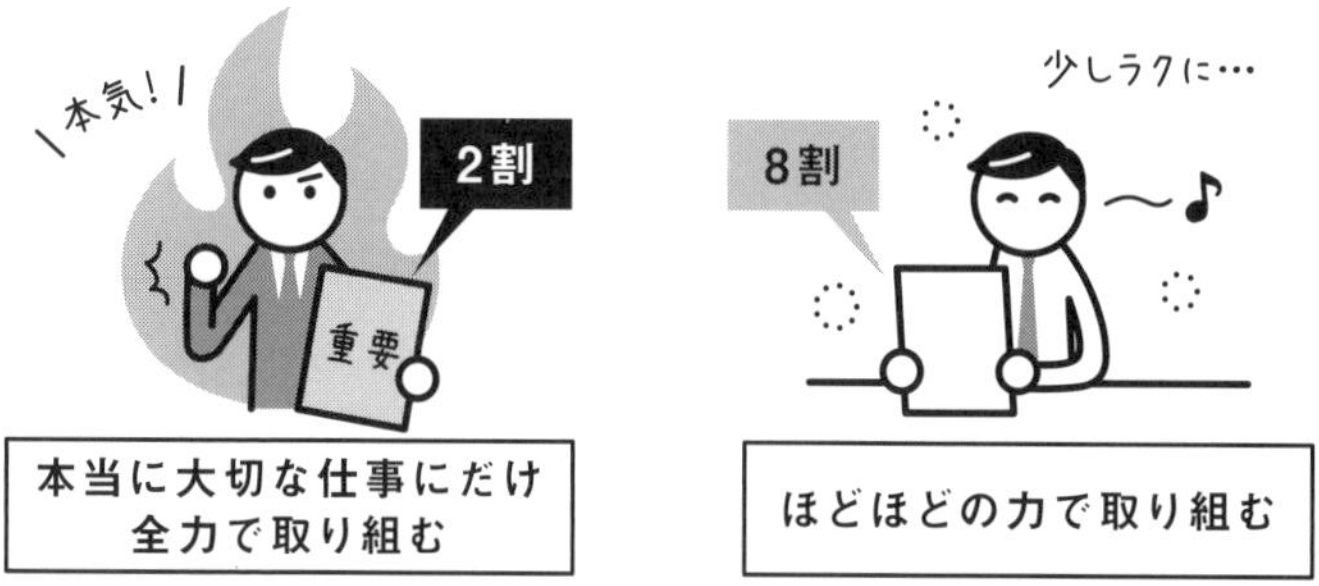
本気!
2割
重要
本当に大切な仕事にだけ全力で取り組む
少しラクに…
8割
ほどほどの力で取り組む

割の仕事だけが生み出していて、残りの8割はあまり意味がないという法則です。80対20の法則とか、ばらつきの法則と呼ばれたりもします。**だいたいどの業種の、どんな仕事でも、本気でやったほうがいいのは全体の2割なのです。**これは経験則なので、ひょっとしたら割合が少しはズレることもありますが、だいたいは2割の仕事が重要です。

だとしたら、本当に大切な2割の部分にだけ全力で取り組んで、残りの8割は、「まあ、この辺で勘弁してもらおう」ということでも、現実にはまったく問題はないのです。

たとえば、売上データをきちんと見てみると、売上の8割は全顧客の2割のお客さまだけが生み出していることがわかったとしましょうか。

それがわかったら、顧客全員に等しくサービスをするよりも、2割の超優良顧客に絞ってサービスしまくってあげたほうが、自分もラクですし、効率的かもしれないな、ということに気づくかもしれません。

まずは自分の仕事で、「本当に大切な仕事」と、「別に少しくらい手を抜いたって大丈夫な仕事」に分けてみましょう。

優先順位をつけてもいいですね。すべての仕事に優先順位をつけて、上から2割の仕事に全力を出すのです。そこでは絶対に手を抜いてはいけません。自分の持つエネルギーのほとんどをそこに注ぎ込みます。

当然、そんなことをすると疲れますから、残りの8割の仕事では、ちょっと手を抜かせてもらってバランスをとればいいのです。

ミシガン州立大学のケネス・ウェクスレイは、「20%の作業だけで、仕事の80%を終わらせるルールを学ぶ」といった訓練を3時間ほどやらせることで、時間の使い方が驚くほどうまくなることを指摘しています。

私が200ページの単行本を執筆するときには、最初の40ページまでは本気で書いて、残りの160ページは、まあ、ほどほどに手を抜いていますす（もちろん、冗談ですよ）。

本当に大切なことを見抜くことができさえすれば、どこに力を出せばいいか、どこで手を抜けるのかがわかるのです。

他人の手間を省いてあげることが、自分の手間も省くことにつながる

あなたが、何らかの商品やサービスの営業をしているとしましょう。

話を聞いてくれた担当者からは色よい返事がもらえたのですが、いつまで経っても、正式な契約をしてもらえません。聞くと、上の人間の了解がとれないとのこと。

「あの件は、まだ決まらないでしょうか?」

あなたは何度も、何度も担当者に電話をかけます。

ところが、相手は口を濁すばかりで、いつまでも話が進みません。


こういうやり方は、手間ばかりかかります。

では、どうすればいいのかというと、**相手の手間を省いてあげればいい**のですよ。

それがいい営業マンです。

たとえば、担当者が社内の上の人間にあげる書類や稟議書は、代わりに営業マンで

ある自分が書く、と提案してみるのです。

「○○さまは大変お忙しいと思いますので、もしよろしければ私が代わって稟議書を作成させていただきますが?」と言ってみましょう。

ひょっとすると担当者は、自分で作成するのが面倒くさくて、社内で決裁をとるための稟議書をいつまで経っても作成していないだけかもしれません。そういうものも、自分でやらせてもらってしまえば、かえって手間が省けます。

ワシントン州立大学のパトリシア・M・サイアスは、さまざまな企業で働く20歳から55歳までの社員を対象にして、相手に対する「思いやり」こそが、人間関係を維持するうえでの鍵となる要素であることを明らかにしました。

「こうしてあげると、相手は嬉しいだろうな」ということを積極的にやってあげることが、人間関係をよくするのです。

相手の手間まで、自分でやってあげるのはなんだかソンだと感じるかもしれませんが、そうではありません。相手のために一肌脱いであげれば、それだけ相手からは感謝されますし、その人との関係はさらに強化されます。

しかも、そのほうが自分の手間まで省けるのですから、まさに万々歳ですよ。

「何で俺が、相手の稟議書まで書いてやらなきゃいけないんだ！」

そういうメンタリティではいけません。むしろ、「そうしてあげれば、自分が何度も電話をかけて催促しなければならない手間が省けるぞ、しかも相手からは感謝されるし、恩に着せることだってできるかもしれないぞ、しめしめ」と考えなければなりません。

課内で備品を購入するなど、上司から決済をもらわなければならないときも、余計な手間をかけさせないようにしましょう。

リストをすべて列記して、「どれにしましょうか？」と尋ねても、上司も面倒くさいので「後で決めるよ」ということになります。そうではなく、ある程度もう自分で決めておき、「私は、○○がいいと思いますが、それでどうでしょうか？」という感じで話を持っていけば、上司もその場で決済してくれます。

とにかく**相手の面倒な手間も自分でやってあげてしまったほうが、将来的には、余計な手間を減らせる**のだということも覚えておきましょう。

作業はすべて「1回完了主義」

どんな作業も、1回なら何とか我慢できるはずです。2回も、3回もやるから面倒くさくなってくるのです。

ですから、あらゆる仕事は、**「1回しかやらない」という〝1回完了主義〟**でいきましょう。1つのことに二度手間、三度手間をかける必要はありませんし、そんなことをしてはいけません。

とりあえずメールだけ読んで、後で返信しようとする人がいます。そういう人は、けっこういます。私には、これがものすごく面倒くさいと感じるのです。

メールボックスから、いちいちどの相手からきたメールだったのかを探さなければなりませんし、自分が返信をし忘れるということもあります。ですから、メールチェックのときには、返信が必要なときにはその場で書いてしまうことをおすすめします。

仕事は一回で完了させる

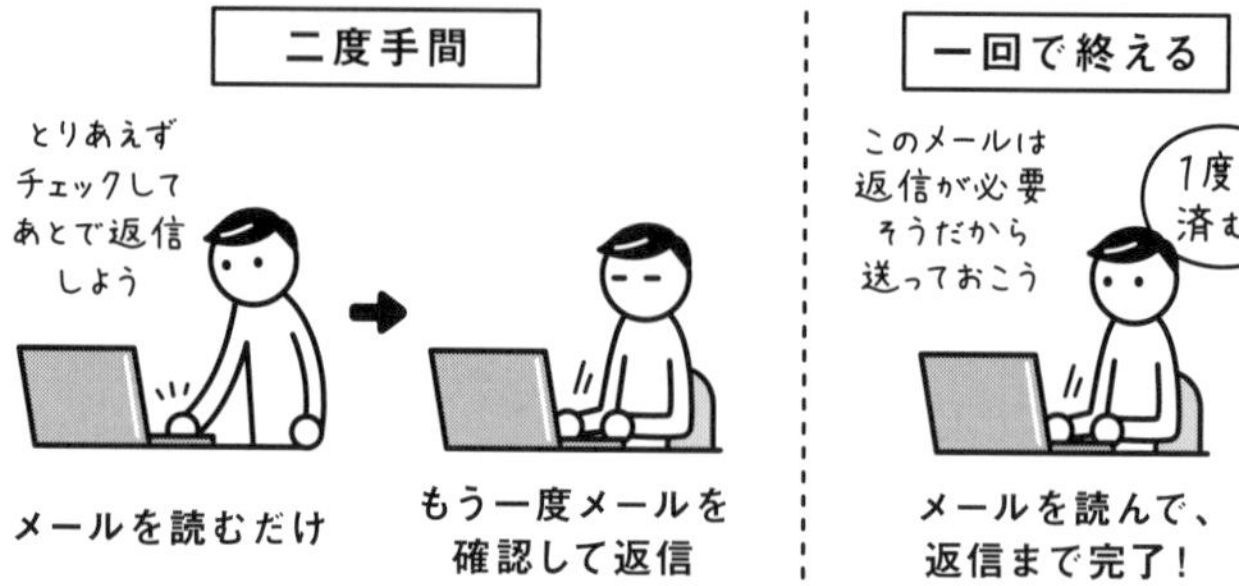
二度手間
とりあえずチェックしてあとで返信しよう
メールを読むだけ
もう一度メールを確認して返信
一回で終える
このメールは返信が必要そうだから送っておこう
1度で済む!
メールを読んで、返信まで完了!

これなら1回ですみます。

面倒なことは、できるだけ1回ですませましょう。

何度もやるから、面倒くさくなってしまうのです。わざわざ自分で自分の首を絞める必要はありません。できるだけ1回ですませたほうが、精神的にもものすごくラクですよ。

心理学の実験では、わざと人に苦痛を与えるために、あえて同じ作業を延々とやらせることがあります。

ポーランド科学アカデミーのカタジーナ・カンタレロは、たとえば、専門的な生理学の論文に出てくる単語の「e」の部分だけに横線を引いていく、というなんとも面倒くさい作業をやらせたことがあるのですが、その作業をやらされた人は、人に対する思いやりをなくして、皮肉なセリフをいいやすくなることを突き止めています。

同じことを何度もやらなければならないと、だれだって面倒くさいですし、イライラしてしまいます。八つ当たりも増えてしまいますから、人間関係だって険悪になりかねません。ですから、どんな仕事も1回ですませることはとても重要なのです。


書類を作成するときも、できれば1回で作って、終わりにしてしまいましょう。推敲もいりません。なぜなら、面倒くさいから。

「えっ、大丈夫なんですか?」と思われるかもしれませんが、「一発勝負だ!」と思えば、気合も入りますし、だらだらとした書き方をしなくてすむので、けっこういい文章が書けるものです。

SF作家のアイザック・アシモフは、著作が500冊を超える多作な作家でしたが、そのコツは、ほとんど推敲しないことでした。

推敲しないと決めてしまったほうが、時間も労力も節約できますし、気合も入るのではないかと思います。

わざわざ面倒な作業を増やさない

書類を作成するときのコツは、**とにかく簡単な言葉だけを使って、気どって書こうとしないこと**です。

「読んだ人が唸り声を上げるような、いい文章を書いてやれ！」

「頭がよさそうな人間をアピールできるように、知的な表現をちりばめよう！」

そんな風に思うから、書類の作成に時間がかかるのですよ。

書類の作成の一番の目的って、相手に読んでもらうことですよね。だとすれば、とにかくわかりやすい文章を心がければ、もうそれで十分に合格点なのです。それにまた、そちらのほうがいい文章が書けるものです。

プリンストン大学のダニエル・オッペンハイマーは、文章作法の本には「平易な文章を書くように」と推奨されていることが多いのに、なぜか大学生にレポートを書かせると、わざわざ難解な表現や単語を使いたがることに気づきました。

どうも大学生にはそのほうが知的に思えるらしいのですが、これは逆効果だとオッペンハイマーは指摘しています。

オッペンハイマーは、これを確認する実験もしました。英文学に関するレポートを実験的に作成したのです。1つは平易なもの、もう1つはとても難解なものです（平易な文章に出てくる名詞、形容詞、動詞を、類語辞典で一番スペルの長い単語に変えた文章）。

それを71名の大学生に読ませて、どれくらい内容を受け入れたかを尋ねてみると、圧倒的に平易な文章のほうが受け入れられやすいことがわかりました。

ヘンに難解な文章など、書かないほうがいいのです。

だれでも知っている言葉を使って、できるだけ平易に書いたほうが、書類は絶対に読みやすくなりますし、そのほうが相手にも受け入れられやすいのです。

書類は、シンプルであればそれでいいのです。

パワーポイントでスライドを作るときも、とにかく大きなフォントで、見やすいスライドを作ればそれでOKなのに、なぜかやたらと凝ったスライドを作ろうとする人がいます。アニメーションを使ったり、わけのわからないイラストが余白にちりばめられているスライドを作る人がいるのですが、手間ばかりかかるわりに、内容のほうはちっとも理解できません。まったく本人の自己満足の世界です。

スライドを作るのなら、一番シンプルな箇条書きをしておけば十分で、それ以上、スライドを作り込む必要はありません。デザインなども普通に白黒のほうが読みやすいのに、おかしな背景やらデザインなどが入っていると、読みにくくなります。

せっかく書類の作成に力を入れても、相手には逆効果になることのほうが多いので、そんなに力を入れないようにするのがいい書類作成のポイントです。

会議を設定するなら、昼食前にする

会議というものは、めいめいが勝手な意見を言いはじめることが多いので、どうしても時間がかかるものです。

そこで1つのアイデアとして、もし自分で会議の時間を設定できるのであれば、昼食前がいいですよ。

なぜかというと、みんなお腹が空いてくるので、適当なところで切り上げようとしてくれるから（笑）。つまりは、そんなに長くならないのです。面倒くささが短縮できるのですから、これをおすすめします。

このテクニックは、桑名一央さんの『時間の活かし方101の法則』（日本実業出版社）という本に出ていたやり方なのですが、心理学的に言ってもまことに効果的です。

みんなお腹が空いてきて、早く切り上げたいなと思っていれば、議論が白熱して収拾がつかなくなる、という事態にはなりません。

「うん、もうそれでいいんじゃない」

「そうそう、僕もそれでいいと思うよ」

「異議なし!!」

みんな早く切り上げたいので、こんな感じですんなり意見の集約ができるのですよ。まことに便利なやり方ですね。

もし午後イチなどに会議を設定してしまうと、みなさんお腹もいっぱいですし、時間はたっぷりあるので、いつまでも会議を切り上げてくれません。これはスタートする時間が悪すぎるのです。

だれにとっても、会議はイヤなもの。

イランにあるアザド大学のエスカンダール・ラヒーミは、115名の男性マネジャーにストレスを感じる順位をつけてもらったのですが、1位は「給料の不満」で、2位は「会議の時間」でした。堂々の2位に会議が上がってくるのですから、ものすごいストレスだということがわかりますね。

会議をいかに短縮できるかは、社会人にとっての腕の見せ所。

そのための1つのアイデアとして、**会議をスタートする時間**にもこだわりましょう。

いつ会議をはじめるかによって、終わりの時間にもずいぶん影響しますからね。

もう1つ、会議を短くする方法として、**事前に参加者たちに根回しをしておくこと**も挙げておきましょう。

「こういう決定をしたいので、ひとつよろしく」と全員から了承をとってしまっておけば、会議がただの儀式になりますから、そんなに長引きません。

根回しをまったくせずに、いきなり会議で何か提案をしようとするから、侃侃諤諤の議論がはじまってしまうのです。それを防ぐためには、事前の根回しがものすごく重要だということも、会議を早く切り上げるコツとして覚えておいてください。

すぐに到達できる目標設定

「もうすぐゴールだ！」と思うと、人はやる気になります。

したがって、**できるだけゴールが近いほうが、やる気を維持できる**と言えるでしょう。あまりにも先にゴールがあると思うと、人はどうしても中だるみというか、気分がだらけてしまうものですが、「ほら、もうゴールが見えてるよ！」と思えば、あそこまでは頑張ろうかという気持ちになります。

カナダにあるカルガリー大学のピアーズ・スティールは、人をやる気にさせる方法として、**できるだけ簡単に到達できるような目標設定**をすすめています。ゴール目前になれば、だれだって頑張るからです（ピアーズ・スティール著、『ヒトはなぜ先延ばしをしてしまうのか』阪急コミュニケーションズ）。

簡単に到達できる目標を設定する

たとえば、製品を1000個作れば報酬がもらえる作業員は、1000個目が近づいてくると、仕事に熱が入り、1000個を過ぎると、しばらくはのんびりしてしまう傾向があります。

この行動パターンは、専門家の間では、**「ブレイク・アンド・ラン」**（休息と加速）と呼ばれる現象です。

できるだけやる気を継続したいのであれば、目標をもっと小さくしてしまえばいいのです。

たとえば、1000個ごとではなく、100個作るごとに報酬がもらえるなら、いつまでもやる気は衰えません。中途半端に休むよりは、力の続く限り突っ走ってしまおうとするはずです。

言ってみれば、ずっとラストスパート状態を維持できるわけです。

目標に到達するまでに時間がかかるとか、ものすごく労力が必要だということになれば、どうしたって人間は途中でのんびりするのです。同じペースで走りつづけることなんて、できません。

よほど練習した人でなければ、フルマラソンを走るときも、走ったり歩いたりをくり返してしまいますよね。

ですが、かりに2キロのマラソンだったら、どうですか。

1キロでは、どうでしょう。

それくらいなら途中で休まずに走れるのではないでしょうか。

仕事でどうしても知識を学ぶ必要があって、分厚い専門書を読まなければならなくなったとしましょう。

もう、本を開く前からおっくうな気持ちが襲ってきます。

ですが、1章分だけでいいとか、数ページだけでいいとなれば、休憩など入れなくともいけるのではないでしょうか。

「それくらいなら朝飯前」という目標設定をすれば、人間は、突っ走れるものなのです。

頑張ったり、休んだりということが一日に頻繁に起きるのであれば、それは目標の設定を間違えている可能性があります。

途中でだらけてしまうのは、みなさんの意志力が弱いからではなく、目標がちょっと遠すぎるのかもしれません。目標の見直しをしたほうが、仕事のペースアップもできるかもしれませんね。

せっかく気分が乗っているときには、集中する

私は、原稿を書いているときには、電話に出ません。妻もそれを知っているので、かりに電話があっても、「あいにく主人は外出中でして」と適当にごまかしてしまいます。

電話での応対など、せいぜい1、2分だと思いますよね。

けれども、そうではないのです。

せっかく集中しているのに、そこでいきなり邪魔をされて勢いを中断されてしまうと、人間は、元の集中力を取り戻せなくなってしまうのです。

マイクロソフト社の社員を対象にした調査ですと、たとえば、電子メールで業務を中断すると、集中力を取り戻すのに、平均して15分もかかるそうです。

これは、まったくムダな時間だと言えるでしょう。

気分が乗っているときには中断せず集中する

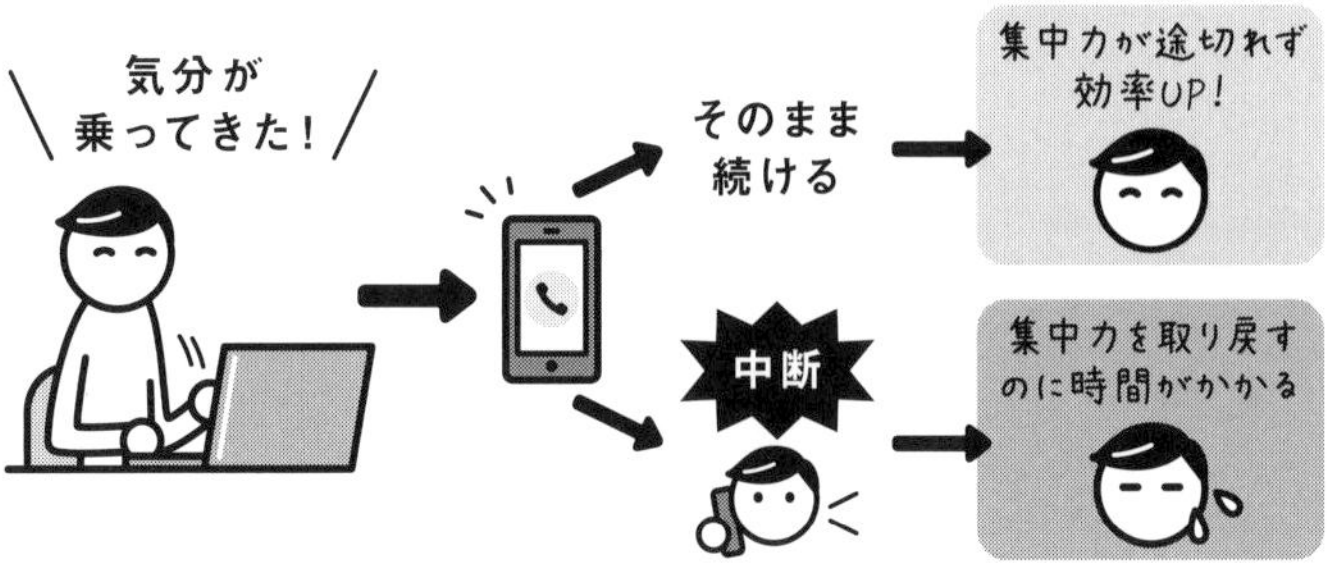

「今日は、なんか気分が乗っているぞ」というときには、もう脇目もふらず、がむしゃらに仕事に精を出すのが正解です。

せっかく珍しく気分が乗っているのに、それを邪魔されたのではたまったものではありませんよ。

企業によっては、午後1時から3時までは、「やる気タイム」とか「全力タイム」と名づけて、その間には、電話などにも出ずに社員に仕事をさせるところがあるみたいですよ。私とやっていることは同じですね。

私たちには、だれにでも、一日の中で**「この時間帯なら、気分が乗っている」という時間帯**が必ずあるはずです。

それ以外の時間帯だと、どうしても面倒くさくてやりたくないことでも、気分が乗っている時間帯ならへっちゃら、ということはよくあります。

まずは、**自分がいつ本気になれるのかを知りましょう**。

そうすれば、その時間帯に頑張って、それ以外の時間帯は適当に流す、ということも戦略的にできるようになりますから。

では、どうやって自分が本気になれる時間帯がわかるのかというと、ミシガン州立大学のバーバラ・ワッツによれば、1つの目安は、体温。

だいたい本気になれる時間帯というのは、体温がじわじわと上がってきて最高体温になる時間帯なのです。

ものすごく大雑把に言うと、朝型の人は、起床してからわりと早い段階で最高体温になります。ですから、朝型の人は、午前中にはだれにも人に会わずにがむしゃらに仕事をしたほうがいい、ということになるでしょう。

夜型の人は、夕方くらいになると調子が出てきますから、その時間帯に頑張って仕事をこなすか、あるいは仕事を自宅に持ち帰って、夜に仕事をしたほうが効率的かもしれません。

一日中、ずっと同じペースで仕事をするなんてできません。

自分のリズムに合わせて、頑張るときにはがむしゃらに頑張って、そうでないときにはほどほどに流す、というやり方のほうが、かえって仕事はラクにできるものです。

1時間に一度は、必ず席を立つ

ずっとデスクに座ったまま作業をしていると、身体は疲れてきます。そこで、**1時間に一度は、必ずルーティンのように休憩をとりましょう。**トイレに行きたくなくとも、トイレに行って手を洗ったり、顔を洗ったりすると、疲れが溜まりません。

考えてみると、小学校から高校までは、だいたい45分から50分に一度、5分から10分間の休憩がありました。これは、とても素晴らしいスケジュールです。だいたい、私たちは同じことを50分くらいやっていると、身体に乳酸が溜まってきます。乳酸とは、身体に疲れを感じさせる物質です。ですから、それくらいのタイミングで休憩をとるのは、とても理にかなったことなのです。

「1時間くらいじゃ、まだそんなに疲れていない」という人がいるかもしれませんね。しかし、疲れを感じてから休むのでは、回復も遅れてしまうのですよ。まだそんなに疲れていないときに休むからこそ、疲労は蓄積しないのです。

といっても、休憩時間は、せいぜい5分くらいでいいでしょうか。何十分も休む必要はないので、せいぜい手を洗いに行くとか、タバコを1本だけ吸ってくる、というレベルの休憩にしましょう。

ブラジルのカトリック大学のラミレス・ティバナは、ベンチプレスの運動をたっぷりやらせてから、90秒のインターバルか、3分間のインターバルを置いて、もう一度ベンチプレスをやらせてみました。

すると、90秒の休憩の後では、くり返すことができた回数が35・9回で、持ち上げた重さの合計は1346・1キロとなりました。

ところが3分間の休憩をすると、くり返すことができた回数が46・4回、持ち上げた重さの合計は17744・1キロと、ずいぶん回復することがわかったのです。

休憩をとるといっても、1分、2分ではちょっと短いかもしれません。やはり5分くらいがいいのではないかな、と私は思っています。

休憩は1時間に一度はとりましょう。

だいたいの会社では、2時間から3時間くらい働いて休憩に入ることが多いのですけれども、2時間はちょっと長すぎですよ。もう少しこまめに休憩をとって、コーヒーを飲んでみるとか、お茶を飲んでみる時間を作ったほうがいいです。

そのほうが能率もアップするわけですから、別にサボっているわけではありません。

休憩は休憩なのであって、サボっているのとはまったく質的に違うのだと思ってください。

日曜日を完全オフにすると、月曜日に調子を戻すのが面倒くさい

「どうも休み明けの月曜日には、やる気が出ないんだよな」と感じる人が多いと思います。いわゆる〝**ブルーマンデー**〟という症状です。

けれども、ブルーマンデーという症状は、必ず起きるというわけではありません。「起きそうだな」と思い込んでいる人だけに起きます。月曜日だろうが、水曜日だろうが、そんなものは関係がないと思っている人には、起きません。

ブルーマンデーは、単なる自己暗示。

自分でかかりそうだと思っているから、そういう症状が起きるだけですから、「そんなものはない」と思っていれば、起きないのですよ。

イギリスにあるセント・ジェームズ大学のガイルズ・クロフトは、ブルーマンデーはたしかにあると強く思い込んでいる人ほど、月曜日に気分がブルーになってしまう

ことを突き止めています。「ブルーマンデー？　そんなの都市伝説でしょ？」と思っている人には、ブルーマンデーの症状はまったく見られませんでした。

「そうは言っても、やっぱり現実に月曜日には身体がダルいし、やる気が出ないのですが……」という人がいるかもしれません。

その理由は、明白です。日曜日に遊びすぎているのですよ（笑）。日曜日に、思いきりハメを外して、完全にオフにしてしまうから、月曜日に体調がおかしくなり、オンの状態に戻せなくなってしまうのです。

ですから、そうならないためには、日曜日だからといって、休みすぎないことも重要でしょう。できれば、30分でも1時間でもいいので、日曜日にも仕事をしたほうがいいと思います。

軽く仕事関連の本を読むとか、資料に目を通すとか、そのレベルでいいでしょう。平日ほどがっつり仕事をしなくともかまいませんが、**完全にオフにしてしまうと、それを元に戻すのが大変になります**。それならいっそのこと、日曜日にも気を抜きすぎないほうが、月曜日もラクなのではないでしょうか。

20世紀を代表するデザイナーのココ・シャネルは、日曜日が嫌いでした。

なぜかというと、仕事ができないから。シャネルにとって、仕事をするのは楽しみでしかありませんでしたから、日曜日などいらなかったのです。

日曜日に本当に休む必要があるのかというと、それは人によるでしょう。

日曜日にしっかり休んだほうが月曜日から、またしっかり仕事ができるというのなら休んだほうがいいですし、日曜日にも軽く仕事をしたほうが、かえって調子が崩れずに自分のペースが保てる、というのなら、そうしたほうがいいと思います。

ともあれ、ブルーマンデーなどは神話にすぎませんから、「月曜日はやる気が出ない日」などと決めてかからないでください。やり方によっては、月曜日だろうが、普通の平日と同じくらい仕事はできるはずです。

不満を感じても、「何もせずに放っておく」のが正解

心理学の古い理論に、「**カタルシス理論**」というものがあります。**心の中に不満や鬱憤が溜まってしまったら、それを外に吐き出したほうがスッキリするよ**、という理論です。

不満を溜めこまず、外に吐き出せばラクになるというのは、なんとも理論的であるように思われますが、これはまったく効果がないことがわかっています。

アイオワ州立大学のブラッド・ブッシュマンは、カタルシス理論に基づけば、イライラしたときには、モノを殴ればスッキリするはずだと考えました。

しかし、実際に試してみると、まったくそうならないことを実験で確認しています。

ブッシュマンは、イライラさせるために、自分が書いたエッセイを、他人からさんざん悪く言われるという状況を作りました。

不満を感じたら、何もせず放っておく

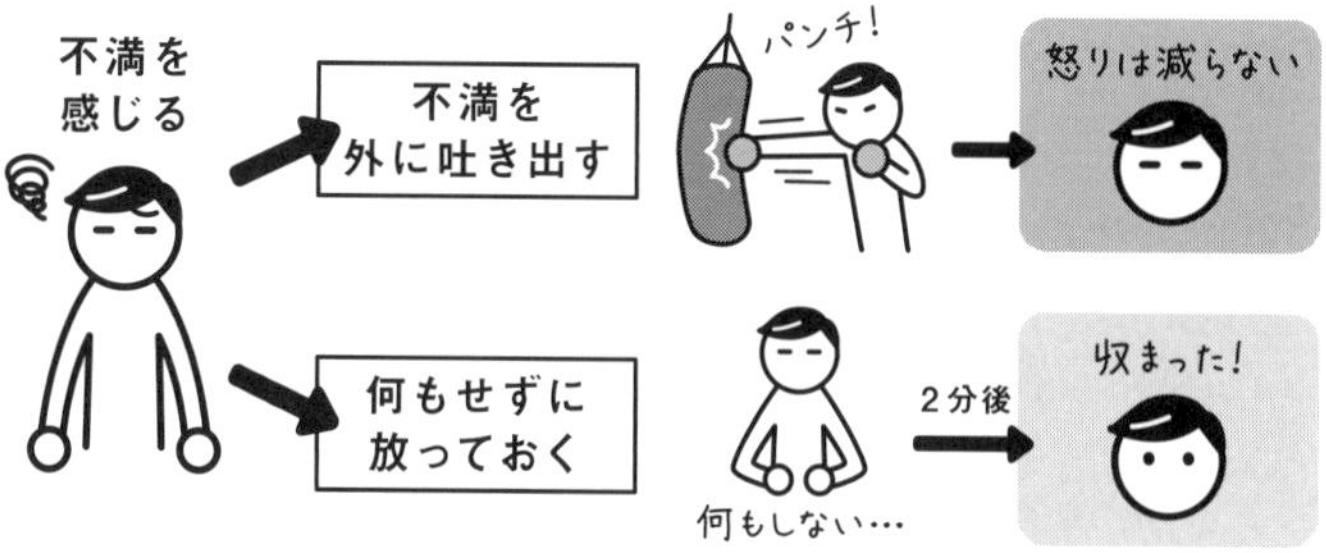

実験とはいえ、他人のエッセイをわざとけなすのですから、とてもひどい実験です。

次に、ブッシュマンは、悪口を言われた人に、パンチング・バッグ（サンドバッグみたいなもの）を殴らせて、どれくらい怒りが減るのかを調べてみました。

ところが、怒りはまったく減らなかったのです。

カタルシス理論など、現実には見られないインチキ理論だったのですよ。

では、不満や怒りが溜まったときには、どうすればいいのでしょうか。

ブッシュマンによると、「何もしないで2分間、放っておけばいい」ということらしいです。

イライラしたとしても、2分間、静かに待っていれば怒りは落ち着きます。

何もしないほうが、かえって怒りはすぐに収まってくれるのですよ。

「ええ!? 私なんて、2分経っても、全然怒りが収まらないのですが……」

という人もいるでしょう。

ハーバード大学の脳神経科学者ジル・ボルト・テイラーによると、**怒りの化学物質が血流から消えるまでの時間は、90秒くらい**だそうです。

90秒が過ぎてもまだ怒っているのなら、それは「怒りの回路を使いつづけるように、自分で選択している」から。つまり、頭の中でムシャクシャしたことをいつまでも考えているから、怒りの化学物質が消えないだけなのですよ（枡りおん著、『「感情美人」になれる7つの扉』光文社）。

ちょっとくらい不満なことがあっても、「ま、いいか」と気軽に受け止めて忘れてしまうのが正しいやり方です。いつまでも頭の中で悶々と考えつづけていると、怒りは消えません。

また、不満などを日記やブログで発散したほうがいいというのも、ウソです。そんなことをすると、余計にイライラが募っていきます。

イライラは静かに放っておくのが正解であって、カタルシス理論が言うように、外に出そうとすると、いつまでも消えてくれません。

SNSは本当に必要かを考える

毎日やるべきことは、できるだけ少なくすることが楽しく生きるコツです。

毎日、あれもしなければ、これもしなければと考えていたら心の負担が大きくなってくるに決まっています。

「これって、本当にやる必要あるのかな?」というものは、この際ばっさり切り捨ててしまい、スッキリした生活習慣にしたほうがいいかもしれません。自分で自分の首を絞めてはなりません。

たとえば、フェイスブックや、ブログやLINEなど。
そういうやりとりって、果たして本当に必要なのでしょうか。
毎日せっせとブログを更新しつづけることには、本当に意味があるのでしょうか。

わざわざ自分で大変な思いをしているだけなのではないでしょうか。

ドイツ文学者であり、評論家の西尾幹二さんは、自らの出版記念会で「ブログをやめた」という話をされたといいます。

70歳の自分は、もうあと10年か20年しか生きられないのだし、ブログをやっている時間はないからやめた、と（日垣隆著、『ラクをしないと成果は出ない』大和書房）。

こういう割り切りは、私たちも必要なのではないかなと思います。

たいして仲のいい友達でもないのに、メールやＬＩＮＥのやりとりをする時間って、面倒くさいと思いませんか。

ちょこちょこフェイスブックを確認したがる、フェイスブック中毒の人も増えているようですが、時間のムダということはないのでしょうか。

もちろん、ＳＮＳをやっていると、楽しいし、テンションが上がるというのならいいのですよ。そういう人は、どうぞやってください。

ただ、大半の人は、辛いのにもかかわらず、惰性でつづけているだけではないかとも思うのです。辛いのに、なぜかつづけている。そんな人が多いのです。

トルコのアナドル大学で行われた、リカップ・アイサルの研究によると、フェイスブックをやっていると、バイタリティ尺度（「私は毎日元気」などの質問項目で測定）の得点が下がることがわかりました。

また、本人の感じる幸福度尺度の得点も下がってしまうこともわかりました。

楽しければいいのですが、フェイスブックやブログが、単なる手間にしかならないというのであれば、いっそのことやめてしまったほうがいいと思います。

毎日、やることが少なくなるだけで、心が晴れ晴れとしますよ。

「もうブログを更新しなくてもいいんだ」と考えるだけで、スッキリした気分になるのなら、もうすでにブログを書くことが苦痛なのですよ。そんなことを惰性でつづける必要はどこにもありません。

メールやLINEをしないと、友達から縁を切られてしまうのが怖い、という人がいるかもしれませんが、返信しないだけで縁が切られてしまうのなら、そもそもそんな人とは友達付き合いをしなくてもいいのですよ。

本当の友達なら、5年くらい連絡しなくとも、いつまでも友達のままです。

私なんて、20年くらい会っていない友達がたくさんいますよ。年賀状だけの付き合いですけれども、それでも友達だと思っています。向こうもそうでしょう。

終わりの時間を設定する

仕事でも何でもそうですが、**何かに取り組むときには、「いつまでに終える」という終わりの時間をきちんと設定しなければなりません。**

終わりの時間を決めておかないと、ダラダラといつまでもそれをつづけてしまいますから。

「この仕事は、午前中までに終わらせる!!」

「これは、夕方までに片づける!!」

終わりの時間を決めると、それに合わせて終わらせようという意識が働きます。

つまりは、いやがうえにもやる気が出てくるのです。

何かに取り組むときは終わりの時間を決めておく

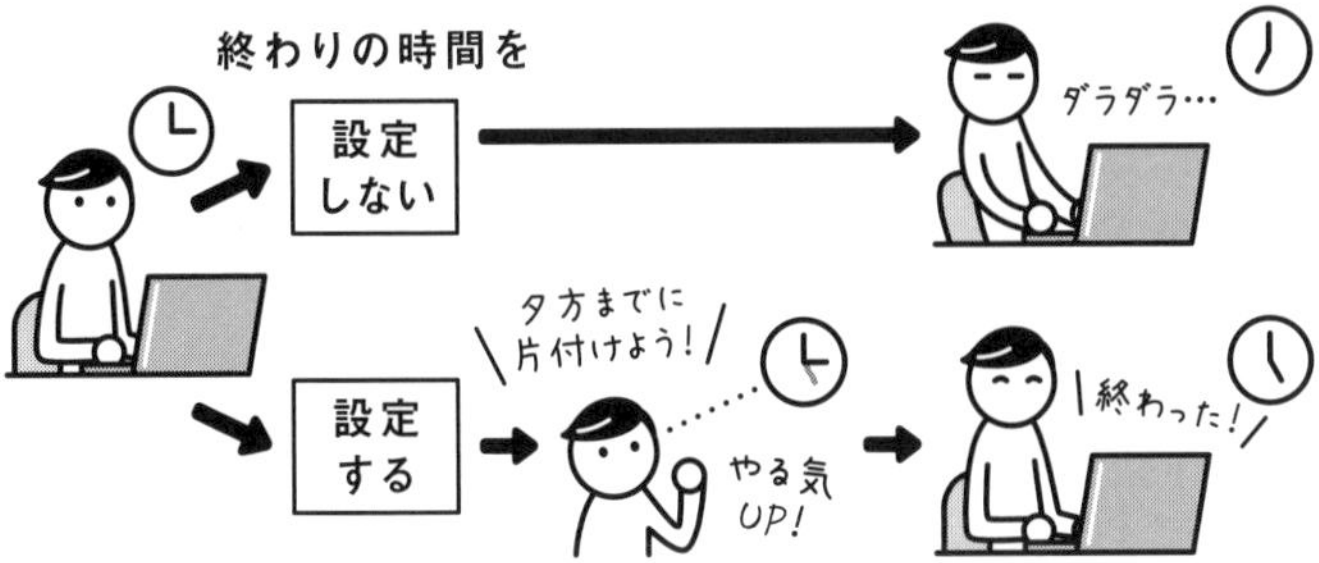

作家の吉村昭さんは、『わたしの流儀』(新潮文庫)の中で、取材旅行は2泊3日だと決めていると書いています。

本を執筆するには取材が必要ですが、「必要な資料が揃うまで、いつまでも頑張る」というやり方ですと、いつまでも終わりません。ダラダラと日数ばかりかかってしまいます。

その点、「私に許されているのは、2泊3日だけ」と決めてしまえば、とにかくその2泊3日はがむしゃらに資料を調べることができるでしょう。急いで調べないと、旅行が終わってしまいますから。

吉村さんのすごいところは、「2泊3日で見つからない資料は諦める」ということも、ちゃんと決めてあることです。それ以上はもう調べないのです。
みなさんもこのやり方を見習って、とにかく終わりの時間を決めて仕事をしましょう。

情報収集するときにも、時間を決めてやらないと、いつまでもインターネットでの情報収集が終わらなくなります。

「3分以内に見つけられない情報は捨てる」というくらいの意気込みでやらないと、果てしない情報収集の罠にはまってしまうことになるでしょう。

米国ボーリング・グリーン州立大学のハワード・ロスステインによりますと、**「時間的プレッシャー」を与えると、人はその時間内にどうにかしようとして、ものすごく効果的な判断のやり方を自分なりに考えて実行する**と言います。

たとえば、6秒ごとに次の問題へ進んでしまうというプログラムを作って、幾何学のような問題を解かせると、学生は、単純なルールを自分なりに作って、それでポンポンと判断していくそうなのです。

「じっくり取り組まなければいい仕事はできないのではないか」と思う人がいるかもしれませんね。

たしかに、そういう仕事もあるでしょう。

しかし、私たちは、**無制限に時間があると思うと、どうしてもやる気になりません。**

たとえ時間がいくらでもあったとしても、自分なりに終わりの時間を設定してやったほうがいいでしょう。人生の時間には限りがあるのですから、どんなことでも大切に使ったほうがいいに決まっています。

第3章

どうしてもやる気が出ないときの超簡単な裏ワザ

とりあえず、その場で立ち上がってみる

高いところにある物体は、それだけ「位置エネルギーが高くなる」ということは、高校の物理の時間に学びましたね。

高いところにある物体は、重力で落下すると他の物体に当たって動かすことができます。他の物体を動かせるということは、それだけ仕事ができるというわけです。

エネルギーとは「仕事をする能力」のことですから、高い位置にあるものほど、エネルギーが大きい、と物理学では考えるわけです。

人間もそうで、**寝そべっていたり椅子に座っているよりは、とりあえず立ち上がってみると、それだけ位置エネルギーが高くなります。**

つまり、**「さあ、やるか!」という心理状態になりやすい**のです。

姿勢によるやる気の違い

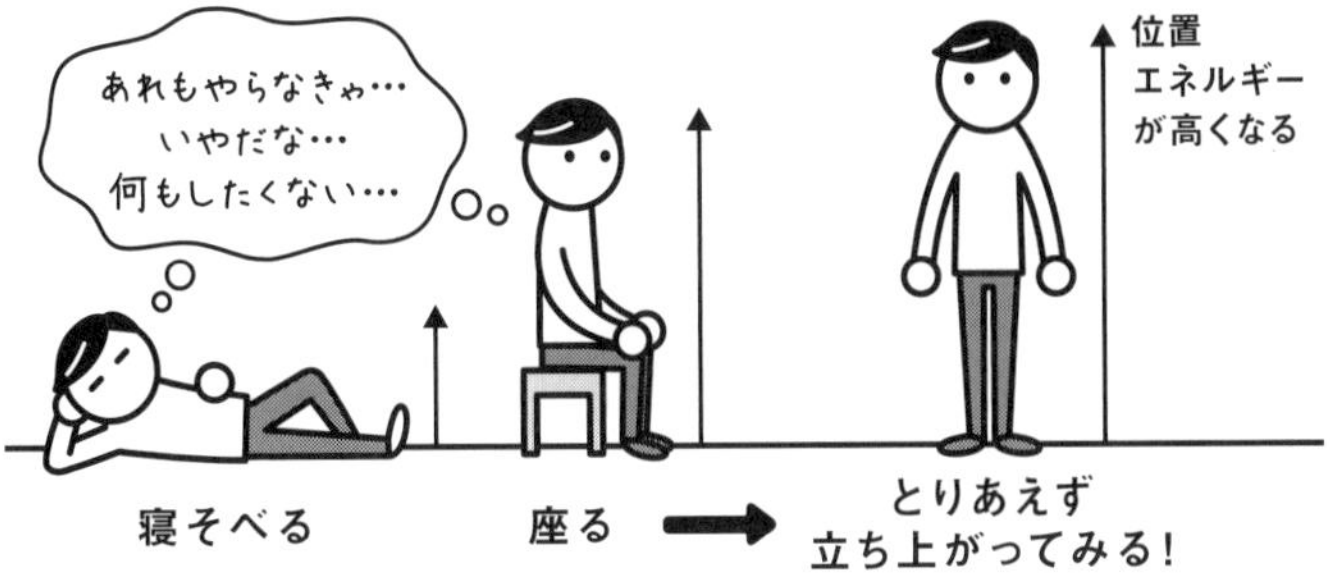
あれもやらなきゃ…
いやだな…
何もしたくない…
位置
エネルギー
が高くなる
寝そべる
座る
とりあえず
立ち上がってみる!

「あれをしなきゃ、これもやらなきゃ、ああ、もういやだ。何もしたくない……」

そういう気持ちになったときにとりあえずやるべきことは、**〝その場で立ってみる〟**ことです。

もう、他のことはどうでもいいので、とりあえず立ってください。まずはそれができればOKと考えましょう。

「えっ、立つくらいなら、それは造作もなくできるけど……」と思うでしょう。

ええ、それだけでいいのです。

まったくなんにもする気が起きないのですから、とりあえず立ち上がることができればOKにしましょうよ。

ところが、ここが人間の不思議なところなのですが、**とりあえず立ち上がってしまえば、その次のことにもスムーズに移行できる**のです。

位置エネルギーが、心理的なエネルギーに転換されるのでしょうか。不思議なくらい、やる気が出てきます。

コタツに入っていたり、ソファで横になっていたりすると、もう気持ちが完全に自堕落になってしまって、何もする気が起きません。

ところが、どうしてもトイレに行きたくなったりして、しかたなく立ち上がると、ついでに流し台にある皿洗いをはじめてみたり、お風呂を沸かしてみたりと、トイレに行くついでに他の作業もホイホイと片づけられることがあります。

何もしたくないときには、とりあえず立ち上がるだけでも、ずいぶんと違ってくるはずです。

ミズーリ大学のアレン・ブルードーンは、「月面で宇宙船の故障が起きたとき、生き延びるのに必要な道具の優先順位を考える」という課題を出しました。

その結果、「立ったまま」考えさせたグループでは、約589秒で最終的な決定を導くことができ、「座ったまま」のグループでは、約788秒かかることを突き止めました。

「立ったまま」のほうが、「座ったまま」よりも、作業時間が短縮されることが実験的に確認されたのです。

立った姿勢というのは、人間のやる気を高める姿勢だと言えるでしょう。

コーヒーブレイクをとる

私たちはロボットではないので、同じ仕事を何時間もやっていれば、当然、精神的にも、肉体的にも疲労が溜まってきます。こんなときには、もう頑張ってもどうせ能率が悪いのですから、きちんと休憩をとりましょう。

ちょっとした休憩をとるときにおすすめなのが、コーヒー。

コーヒーに含まれるカフェインは、大脳皮質を興奮させる働きをしてくれるので、やる気が復活しますし、仕事もはかどるのです。

フランスの文豪モリエールや、バルザックは、コーヒーの愛好家として有名ですが、コーヒーに含まれるカフェインのおかげで、精力的に仕事ができたのだとも考えられますね。

コーヒーブレイク

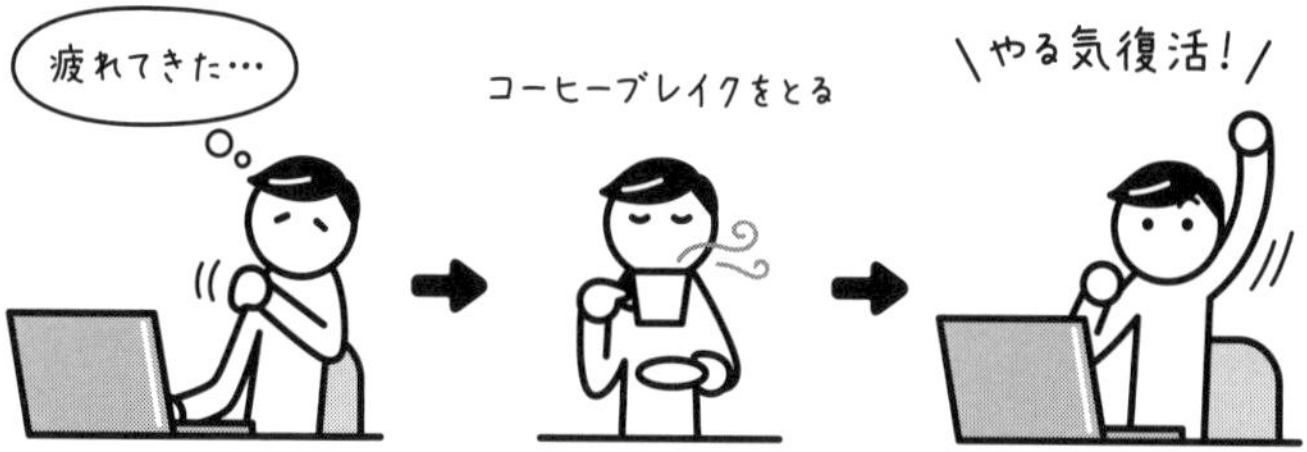
疲れてきた…
コーヒーブレイクをとる
やる気復活!

米国ウォルター・リード陸軍研究所のウィリアム・キルゴレは、兵士に77時間（およそ3日間）にも及ぶモニター監視作業をやらせるという、とても辛い実験をさせたことがあります。

モニターをじっと監視するのは大変な苦痛なわけですが、あるグループでは、毎夜、2時間おきに200㎎、計800㎎のカフェインを摂取させました（カフェイン入りのチューインガムを噛ませました）。

すると、監視作業のパフォーマンス能力はそんなに落ちなかったのです。

ただのチューインガムを噛ませたグループでは、3日目になると作業ミスが増えましたが、カフェイン入りのチューインガムを噛ませたグループでは、3日目でもそれほど作業ミスが増えなかったのです。

カフェインは、大脳皮質に作用するので、いろいろな効能があります。

たとえば、いくつかの研究で得られている結果をお話ししますと、

①思考の流れが早くなる
②連想が豊かになるので、知的労働の能率が高まる
③感覚刺激に対する反応時間が短縮される
④タイプする打字速度が上がる、しかも打ちそこねは減る
⑤集中力が高まる

などがわかっています。

ちなみに、どれくらいのカフェインを摂取すればいいのかというと、研究によって多少ばらつきはありますが、だいたい100㎎から200㎎で十分でしょう。これはコーヒーの1、2杯分に当たります。何十杯も飲む必要はありません。

ただし、摂氏65度以上でないとカフェインが溶けにくいので、コーヒーを飲むなら、できるだけホットコーヒーのほうがいいかもしれません。

面倒な仕事からは、あえて注意をそらす

「ああ、この仕事はイヤだな……」
「これだけはどうも苦手だな……」

そういう仕事は、だれにだってあるでしょう。

そういう仕事をするときには、何かほかのことでも考えていたほうがいいですよ。仕事に対する集中力が欠けるかもしれませんが、苦痛のほうは感じなくなりますからね。

プロのスポーツ選手でも、ジョギングやら筋トレなどの基礎練習はイヤなものです。イチローさんや、伊達公子さんのような、一流のプロでさえそうだということを、どこかの本で読んだ記憶があります。

ディストラクション法

面倒な仕事をするとき
この仕事イヤだな…
今日の夜は何を食べようかな
他のことを考える
いつのまにか終わってる！

しかし、そういう練習をするときでも、何か別のことを考えていると、けっこうなんとかなってしまうらしいのです。「今晩、何を食べようかな」などと考えながら、身体だけを動かしていると、いつの間にかノルマの練習をそっくり終わらせているというのですね。

心理学では、こういうやり方を**「ディストラクション法」**と呼んでいます。

ディストラクションとは、「注意拡散」という意味で、**頭の中で違うことを考えていると、目の前の苦痛からは精神的にも身体的にも逃れることができる**のです。

ダートマス大学のデリア・チョーフィーは、

71名の大学生に冷たい氷水の入ったバケツの中に手を突っ込んで我慢をさせるという実験をしたことがあります。

ちょっと冷たい氷水ではないですよ。手に痛みを感じるほどの冷たさです。

この実験をするとき、チョーフィーは、あるグループにはディストラクションを求めました。

バケツに手を突っ込んでいる間、自分の部屋について思い出してもらったのです。

どんなカーテンが自分の部屋にかけられているのか、そのカーテンの色は何色だったか。

部屋のどこに何が置かれているか。

ベッドの上には洋服などが脱ぎ散らかされていないか。

そういうことを頭の中でできるだけ鮮明に思い出してもらったのです。

するとどうでしょう。

このグループに、120秒が経過したところで痛みを尋ねると、「あまり手の痛みを感じなかった」と答えたのです。

別のグループでは、「なるべく手の痛みを感じないように」という指示がなされていたのですが、こちらのグループではかえって手の痛みをひどく感じることもわかりました。

できるだけ避けたい、苦痛を感じる仕事をするときには、注意をどこかほかのところにそらしてしまいましょう。

「目の前の仕事に集中していないじゃないか!」というお叱りを受けてしまうかもしれません。たしかにごもっともですが、どうしてもやりたくないことをやらなければならないときには、せめて頭の中でほかのことを空想するくらいのことは、見逃していただきたいものです。

会議の時間は、空想の時間に当てる

社会人にとって、面倒くさいものの筆頭と言えば会議。とにかく不毛な議論が延々とつづくことが多いので、うんざりする人が大半でしょう。

「会議が三度の飯より好きだ」という人は、めったにいないのではないかと思われます。

そこで今回は、会議を軽く乗り切る方法をお教えしましょう。

といっても、やることは、前項でお話したテクニックディストラクションです。

先ほど、「辛いときには、注意を何かほかのことに向けてしまえば、なんとかなる」というお話をしましたね。この原理は、会議のときにも使えるのですよ。つまりは、会議の議題やテーマとはまったく違うことを、頭の中で空想していればいいのです。妄想でも大丈夫ですよ（笑）。

英国シェフィールド大学のトーマス・ウェッブは、感情コントロールに役立つ方法をいろいろと調べ、ディストラクションによって気を紛らわせる方法が、とても効果的であることを確認しています。ウェッブは、感情コントロールについて調べた非常にたくさんの心理学の論文結果を総合的に分析し直し、ほかのことを考えることが効果的だと結論したのです。

「くだらない会議だな」

「どうも俺は数合わせで呼ばれただけで、無関係なようだな」

そういうときには、会議に参加しなくてもいいと思います。こんなときには、頭の中で自分の仕事についてでも考えていたほうが、よほど生産的です。次に取り組むべき仕事のダンドリですとか、新商品のアイデアですとか、考えることはいくらでもあるでしょう。

用紙の余白などに落書きなどをして時間をつぶすという手もありますが、落書きが隣の人に見られたりすると、不真面目だと思われてしまいますから、相手には気づかれないところ、つまりは自分の頭の中だけで気を紛らわせるほうが安心です。

もちろん、会議に参加しているわけですから、いきなり指名されて意見を求められることもあろうかと思います。

でも、大丈夫ですよ。「先ほどからずっと考えているのですが、自分なりの考えがまだまとまっていません」などと神妙な顔で適当に答えておけば、それ以上はあまりツッコミを入れられないものです。

ディストラクションというのは、自分の頭の中だけで簡単にできる方法ですから、くだらない会議のとき以外にも、役に立ちます。道具もいりませんし、すぐにできますからね。

だれかの車に乗せてもらっているときや、電車で移動しているときなど、到着までに時間がかかりそうでヒマをもてあますときには、何かほかのことでも考えて空想に浸っていたほうが、面倒くさいとは感じにくくなります。

面倒くさいなあ、という顔をしない

私たちの感情というものは、自分がしている表情によって影響を受けます。

楽しいことなど何もなくとも、ニコニコしていれば、不思議に心も陽気になってきますし、眉間にシワを寄せて、不機嫌そうな顔をしていると、いつの間にか不機嫌になってきてしまいます。

これを**「フェイシャル・フィードバック効果」**といいます。

私たちの脳みそは、自分がしている表情からのフィードバックを受けて、「笑顔なんだから、楽しいはずだ」と思い込みます。そして、ドーパミンなどの快楽物質を分泌しはじめるのです。私たちの脳みそは、けっこうおバカさんなので、表情にだまされてくれるのですね。

面倒くさいときこそ笑う

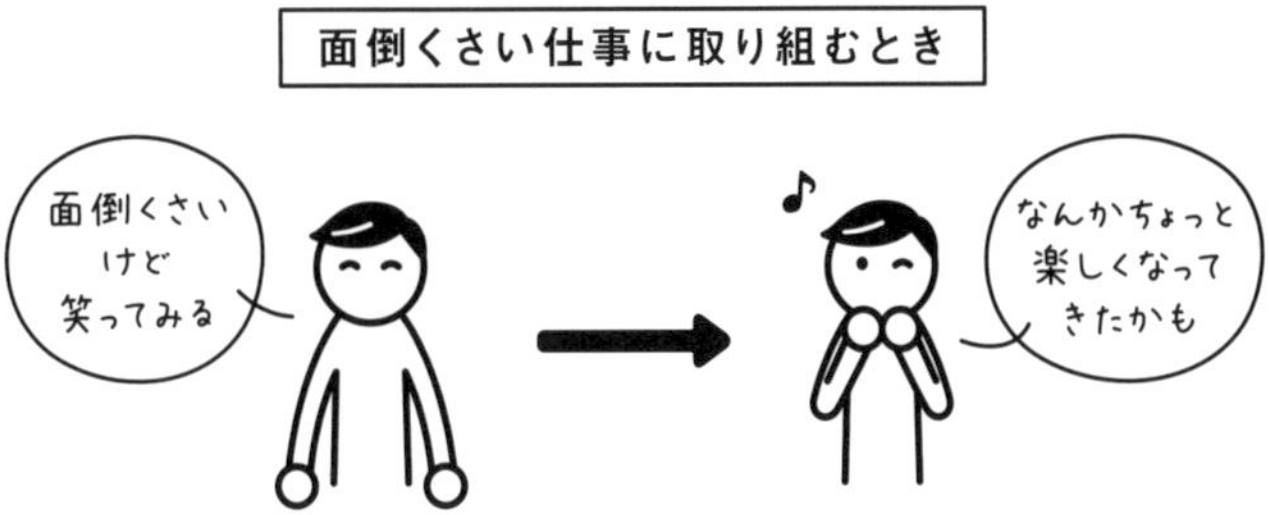
面倒くさい仕事に取り組むとき
面倒くさいけど笑ってみる
なんかちょっと楽しくなってきたかも

「面倒くさいなあ」と思って、そういう顔をしていたら、どうなるでしょうか。

私たちの脳みそは、面倒くさいという気持ちを引き出す乳酸などの物質を身体に分泌しはじめてしまいます。だから、余計に身体も疲れるのです。

したがって、**面倒くさい仕事に取り組むときには、もうこれ以上ないというくらいの満面の笑みを浮かべる**のが正解です。

「面白くもないのに、笑顔なんて作れませんよ！」と思うかもしれませんが、作り笑いでいいのですよ。インチキでも笑顔を作っていれば、楽しい気分にそのうちなってきますからね。フェイシャル・フィードバック効果が起きるから大丈夫なんですよ。

イリノイ大学のマヤ・タミールは、面白くもなんともないときに、1分間、笑顔を作らせるという実験をしたことがあります。両頬に力を入れてもらって、口角が上がるような顔（つまり笑顔）をとってもらうと、なぜかポジティブな気持ちが生まれたのですね。

また、タミールは、両眉に力を込めて、しかめっ面を作らせると、怒りっぽくなってしまうことも突き止めています。

フェイシャル・フィードバック効果は、まことに強力な作用をもたらすと言えるでしょう。

「まったく面倒くさい」と不愉快な顔をしていてはいけません。

そういう顔をしているから、なおさら面倒くさくなってくるのです。

まずは自分の脳みそをだましてしまうためにも、とびっきりの笑顔を作ってください。「イヤだ、イヤだ」と思っても、どうせ逃げられないのですから、楽しくやったほうがいいに決まっています。そのためには、まず笑顔を作ることが大切なのです。

退屈な作業でも、嬉々としてやっていれば、それを見た周囲の人たちも、楽しい気分になってきます。

ひょっとすると、「ちょっとその作業、面白そうだな、僕にもやらせてよ」と言ってもらえることがあるかもしれません。

『トム・ソーヤーの冒険』（マーク・トウェイン著、新潮社）には、「ごきげんなペンキ塗り」という話があります。

ポリーおばさんに罰として塀のペンキ塗りを命じられたトム・ソーヤですが、鼻歌まじりに楽しそうにペンキ塗りをしていると、友達たちが代わりにやらせてくれとお願いしてきて、トム・ソーヤはそれを押しつけることができた、というお話です。

どうせイヤなことをするのなら、せめて楽しそうにやりましょう。そのほうが自分も楽しめますし、ほかの人も手伝ってくれるかもしれませんよ。

できるだけ幸せな声を出す

私たちの感情は、自分のしている表情に影響を受けますが、同じことは、声にも言えるのです。

怒りっぽい声を出していると、やっぱりだんだん心もムカムカしてきますし、できるだけ優しい声を出そうとしていると、優しい気分になってくるのです。

オランダにあるアムステルダム大学のスカイラー・ホークは、幸せなときの声、悲しいときの声、怒っているときの声、不機嫌なときの声を出してもらう、という実験をしたことがあるのですが、それぞれの声によって、表情も変わることを明らかにしています。

怒りの声を出そうとすると、自然に表情も険しくなり、幸せな声を出そうとすると、柔らかな表情になることが多かったのです。声と表情はどうも連動しているようなのです。

ということはつまり、優しい声、幸せな声を出すように心がければ、それによって幸せな表情になり、幸せな表情を作っていれば、フェイシャル・フィードバック効果で、幸せな気分になるはずです。

面倒くさいことをしなければならないときには、

「ああ、自分はなんて幸せ者なんだろう」

「ああ、私は仕事があって、お金までもらえて幸せだ」

そんなことをわざと口にするのがいいかもしれませんね。

ウソでもいいので、そういうことを口に出していると、本当に幸せな気分が生まれてくるでしょうから。

面倒くさいことって、日常的にいくらでもあります。人に会うのが面倒、新聞を読まなきゃいけないのが面倒、出社するのも面倒、歯を磨くのも面倒、入浴も面倒、と。

ですが、「楽しい! 楽しい!」と口に出して言っていると、本当に楽しくなってきますよ。ウソではありませんから、ぜひお試しください。
「イヤだな」とか「面倒だな」と愚痴や不満を口に出すから、本当にそういう気持ちになってしまうのです。

読売巨人軍の原辰徳監督は、何を食べるときにも「おいしい！」と言いながら食べるという話を聞いたことがあります。口に入れた瞬間に、まだ味なんてよくわからないのに、もう「おいしい！」と言ってしまうのだそうです（笑）。

これは心理学的に言っても、非常に有効な方法です。「おいしい！」と言ってしまえば、実際においしいと感じられるはずですから。何を食べても、おいしいと思えるはずなのです。

面倒くさいことをやるときにも、原監督を見習って、すぐに「楽しい！」と言ってしまいましょう。それが面倒くさいことを乗り切る優れた方法なのです。

ノリのいい音楽を流す

ワルツやマーチという音楽のジャンルは、もともと踊りや行進のための音楽です。ただやみくもに身体を動かすとか、ただ黙々と行進するだけでは、人間は疲れてしまいます。ところが、リズミカルな音楽に合わせて、踊ったり、行進したりすると、運動がラクになるのですね。

これを心理学では**「引き込み現象」**と呼んでいます。

東京大学の工藤和俊さんによると、ゴルフのスイングでも、テニスのサーブでも、タイミングを指定するかけ声に合わせて動作を行うと、安定するということがわかっています。

気分が乗らず、何もしたくないときには、音楽の力を借りましょう。

ノリのいい音楽をBGMでかけながら、仕事をするのです。もちろん、周囲の迷惑にならないくらいの音量にするか、イヤホンを使うのですよ。自分がよくとも、他の人にとっては迷惑ということもありますから。

苦痛なことでも、音楽があると、人間はそんなに苦痛を感じなくなります。

音楽を聴くと楽しい気分になりますが、楽しい気分と苦痛は両立しないのです。つまり、楽しい気分が、苦痛を打ち消す働きをしてくれるのですね。

イスラエルにあるエメク・イゼエル大学のナーマ・シャウロブは、インドア・サイクリングをさせるとき、音楽を流しながら運動させると、音楽を流さなかったときよりも、疲れが溜まりにくいことを発見しました。しかも、作業の楽しさも高まったのです。

ただひたすら自転車をこぐだけなんて、苦痛以外の何物でもないと思うのですが、音楽が流れていると、楽しいと感じられるのですね。

気分が弾むような曲をかけて、仕事をしてみてください。

どうですか、なんだか陽気になってきて、仕事もラクになるのではないでしょうか。

「音楽のジャンルはどんなものを選べばいいのでしょうか?」

と思う人がいると思いますが、基本的には、自分が好きなジャンルでいいと思いますよ。ノリのいい曲がおすすめですが、好きな曲を選んで問題ありません。

それでも、何かおすすめしてほしいというのであれば、マーチ音楽がいいですね。マーチ

軍隊の兵士は、ものすごく重い装備を抱えて行進しなければなりませんが、マーチ音楽がかかっていれば、気分も軽くなってきます。同じことが、私たちの仕事にも期待できますから。

ただ、歌詞のある曲ですと、歌詞の内容のほうに気をとられて集中できなくなる可能性もありますから、インストルメンタルですとか、クラシックですとか、そういうもののほうがいいかもしれません。

とはいえ、自分が好きな曲であれば、ポップ音楽でもまったく問題はないと思います。ようするに、自分がやる気になれる音楽なら、どんなものでも大丈夫なのです。

通勤時には、気分が乗ってくる曲を聴きながら出社する

仕事中に音楽を流すのが難しい人も多いでしょう。

フリーランスならまだしも、みんなで机を並べて仕事をしている人では、音楽をかけるのは他の人に迷惑ですし、仕事をサボっていると思われてしまうかもしれないからです。

そこで次善の策として、せめて出社するときくらいは、ノリのいい音楽を聴きながら出社してみるのはどうでしょうか。これなら、できるのではないでしょうか。

ヴァージニア大学のデニス・R・プロフィットは、アップビートのノリのいいモーツァルトの曲と、気分が滅入ってしまいそうなマーラーの曲を用意し、それぞれの音楽を聴かせながら、目の前にある坂の角度を見積もらせる、という実験をしてみました。

音楽によって気分が変わる
ノリのいい曲を聴く
登れそう
気分が滅入ってしまいそうな曲を聴く
…

その結果、モーツァルトの曲を聴かせたグループでは、坂の角度を19度と見積もりました。マーラーの曲を聴かせたグループでは、31度と見積もりました。もちろん、坂の角度はどちらも同じですよ。

これはどういうことかというと、ノリのいい曲を聴いていると、たとえ坂道を目の前にしても、「たいした坂でもないな。これくらいの坂なんて、私ならホイホイと登ることができるよ」と感じたということを示唆しています。つまり、ゆるい坂に見えるのです。

逆に、気分が滅入ってしまう曲を聴いていると、「うわあ、けっこうキツイ角度の坂だなあ。こんなところは登りたくないなあ」と感じるのです。

ノリのいい音楽を聴いていれば、目の前に困難が突きつけられても、「こんなの簡単だよ」と思うことができます。**気分が乗っていれば、困難を小さく見積もることができる**からです。

残念ながら、音楽の効果が、どれくらい持続するのかはわかりません。出社するとき、ノリのいい曲を聞いたからといって、それが終業時間までずっとつづくかどうかは、私にもよくわからないのです。なにしろ、そういう研究がなされたわけではないので。

それでも、まったく何もしないよりは、ノリのいい音楽を聴きながら出社したほうが、確実に、その日の仕事の困難さを小さく感じることができるでしょう。少なくとも午前中くらいは、楽しく仕事もできるのではないでしょうか。

プロレスラーやプロボクサーは、入場してくるときに、自分の好きな曲を流しますよね。あれは、自分の最高のパフォーマンスを引き出すための方法だと思うのですが、みなさんが出社するときにも、同じことをやればいいのですよ。

仕事を「ゲーム」か「スポーツ」にする

仕事がちっとも面白くないと感じる人は大勢います。

なぜ、面白くないのでしょうか。それは、仕事を仕事だと思っているからです。

「ん!? 仕事は仕事なんじゃないの?」と思われるかもしれませんが、そうではありません。仕事を仕事だと思うからつまらないのであって、仕事だと思わなければいいのです。具体的には、**仕事ではなく、ゲームやスポーツだと考えましょう。**

頑張れば頑張るだけ、高得点が得られるゲーム。そんなゲームだと思えば、退屈な仕事だって、いきなり面白くなるものですよ。

あるポテトチップス工場で働く女性作業員たちは、全員が楽しく仕事をしています。

なぜでしょうか。それは、彼女たちが勝手に決めたゲーム、すなわち、「だれか有名人の顔に似たチップスを製造ラインで見つけること」という楽しみを見出しているからです。だから、仕事が面白いのです。

「うわぁ〜、見つけたよお〜。これ、○○にソックリ!!」

「きゃあ〜、ホントだ。これが今日の一番かもね〜」

そんなことを言いながら、キャッキャッと笑って仕事をするのですから、面白くないわけがありません。

ベティ・L・ハラガンの『ビジネス・ゲーム』（光文社）というタイトルの本がありますが、仕事は何でもゲームだと考えたほうがいいですね。ルールを決めて、そのルール通りにやれば得点があがっていくゲーム。たいていの仕事は、そういうゲームにできます。

ゲームだと考えるのは、ちょっと不真面目すぎて抵抗があるな、というのなら、スポーツだと考えてもいいですよ。

オランダの名門企業にして、世界有数の総合電機メーカー「ロイヤル・フィリップス」の開拓者アントン・フィリップスは、「仕事はスポーツだ」という言葉を常々口にしていたそうです。

アントンにとって、仕事は、次から次へとやってくる困難に打ち勝つスポーツ。そう考えれば、仕事をしているだけで、爽快な満足感が得られますよね。

アントンにとっては、仕事上で難題が持ち込まれても、それはいってみればチャレンジでした。チャレンジなのですから、難しい問題ほど、かえって燃えるのです。

たとえば、創業間もない頃にある会社が仕事を断ってきたことがありました。アントンはなんとか面会を申し込みましたが、相手はわざと訪問するには難しい月曜日の早朝を指定してきたのです。

ところが、アントンはわざわざ前の日から泊まって、約束通りの時間に到着して、取引停止を阻止しました（『アントン・フィリップス』紀伊國屋書店）。おそらく、アントンはスポーツの勝負に勝ったときのように嬉しかったでしょう。

何事も考え方1つで、心理的な受け止め方はずいぶん変わってくるはずです。

仕事を仕事だと思っているうちは、毎日がつまらなくなってしまいます。仕事でなく、ゲームやスポーツだと考えてみるのはどうでしょうか。

自分自身を「逃げられない状況」に追い込む

やりたくない仕事をするときには、自分を縛りつけてしまうのがいいですね。**もう、絶対に、どんなことがあってもやらなければならない、という状況に自分を追い込んでしまう**のです。

そういう状況にしてしまえば、なんだってできますよ。なにしろ、やらないといけないのですから。

こういうやり方を、心理学では**「プレコミットメント戦略」**（事前拘束戦略）といいます。

やりたくないという自分の欲求に、意志の力で対抗するのはムリですよ。ですから、「やらざるを得ない」状況を作り上げて、もうどうにもできないようにしてしまうのです。

ホメロスの『オデュッセイア』には、セイレーンという海の魔物が出てきます。美しい歌声で、船乗りを魅了して船を沈めてしまうという魔物です。

そのセイレーンに対抗するため、主人公オデュッセウスは、自分の身体を船のマストにきつく縛りつけさせました。身体を縛りつけておけば、たとえ歌声を聞いても勝手に動きませんからね。これがプレコミットメント戦略です。

これはギリシャ神話のお話だと思うかもしれませんが、現実に、オデュッセウスと同じことをした人がいます。アメリカの小説家ハーマン・メルヴィルです。

メルヴィルは、『白鯨』を執筆するときに、妻に頼んで鎖で自分の体をデスクに縛りつけたそうですよ。そうしないと、遊びにでかけちゃいそうだったので（笑）。

同じようなことは、19世紀のフランスの文豪ヴィクトル・ユーゴーもやっています。ユーゴーは、使用人に自分の洋服を隠すように命じました。そして、あらかじめ決められた時間がくるまでは絶対に自分に渡してはいけない、と厳命していたのです。

なぜ、そんなことをしたのかというと、さすがに裸だと外出できませんから、ユーゴーは、自宅で仕事をするしかないような状況に自ら追い込んだのです。

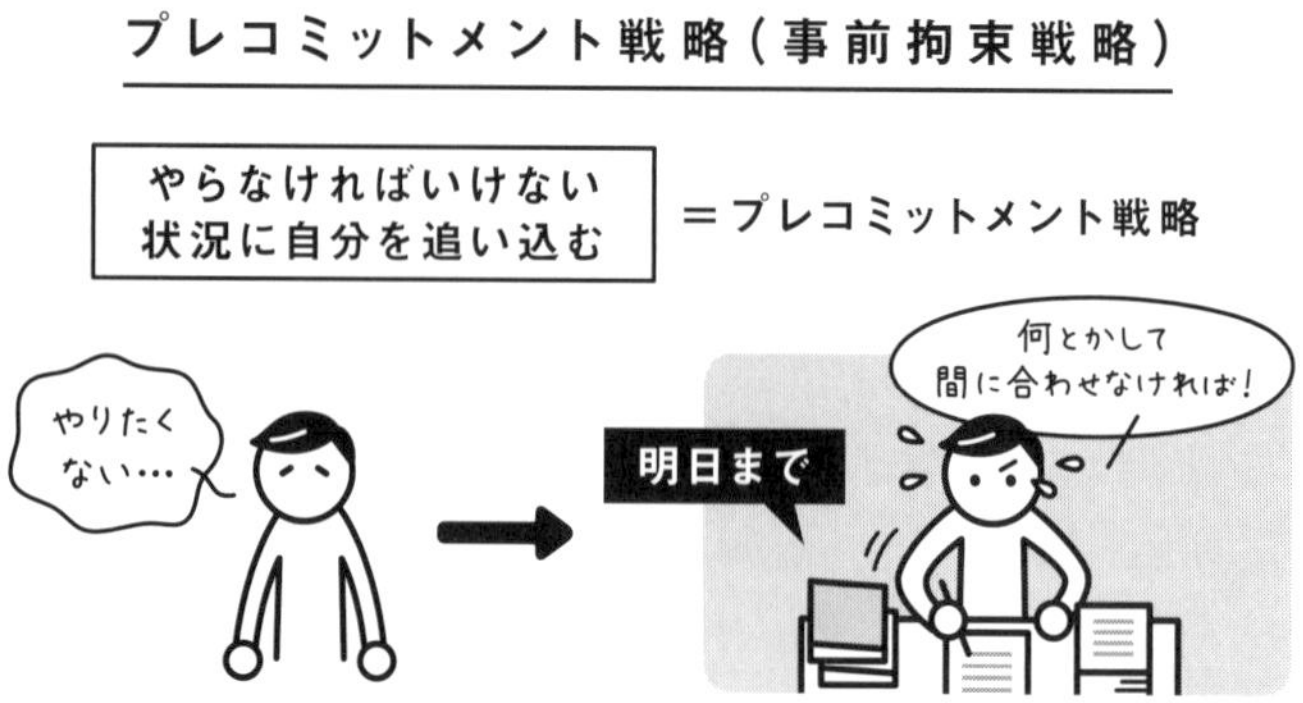
プレコミットメント戦略（事前拘束戦略）
やらなければいけない
状況に自分を追い込む
＝プレコミットメント戦略
やりたくない…
明日まで
何とかして
間に合わせなければ！

これもやはり、立派なプレコミットメント戦略です。

考えてみると、契約書を交わすというのも、プレコミットメント戦略です。いついつまでに、これこれの商品を納入する、という約束をしてしまったら、もうそれを守るしかありませんから、必死でなんとかするしかありません。面倒くさいとか、やりたくないとか、そんなことを言っている場合ではないので。

私の場合、単行本を書くときには、まず編集者と「締切」の約束をします。これも、プレコミットメント戦略です。「何月までに脱稿」と決めてしまったら、もう何があっても原稿を間に合わせるしかありません。

やる気が出出ない人は、とにかく**自分なりに締切を作ってしまう**のがいいアイデアですよ。

締切があると思えば、人間は、その直前になると、ものすごくモチベーションが高まるのです。チューリッヒ大学心理学研究所のコーネリウス・コーニングは、これを**「デッドライン・ラッシュ」**（締切前の駆け込み現象）と名づけました。

「ああ、もう締切前か。そろそろ本気を出さなきゃな」と思えるのですから、締切を設けるのは決して悪いことではありません。

どうしても気分が乗らないときの、とっておきの裏ワザ

「ものすごく大切な商談が控えているというのに、どうしてもやる気が出てこない」

「どうしても今日中に終わらせなければならないのに、なぜかやる気にならない」


人間なのですから、そういう日だって、一年に何回かはあるものですよ。

けれども、のっぴきならない状況であることには変わりがありませんから、なんとかしてやる気を引っ張り出してこなければなりません。さて、どうすればいいのでしょうか。


そこで1つ、心理学の裏ワザをお教えしましょう。

それは、**ものすごく歯を食いしばって、手をギュッと握って、握りこぶしを作る**のです。

やる気が出ないときの裏ワザ

大切な商談があるのにやる気が出てこない…
攻撃の動作
歯を食いしばり
握りこぶしをつくってみる
ギュッ
やる気が出てきた！

「歯を食いしばる」とか**「握りこぶしを作る」**というのは、攻撃するときの動作ですよね。そういう攻撃の動作をしていると、私たちの心には、やる気が出てくるのですよ。

なぜなら、**やる気というのは、攻撃性とも関連しているから**です。

私たちの脳みそは、私たちの表情によってだまされるんですよ、という話はしましたね。

同じことは、姿勢にも言えるのです。

攻撃的な姿勢をとっていると、私たちの脳みそは、「さあ、大変だ。攻撃の準備をしなきゃいけないぞ。急いで、アドレナリン出さないと」と思うのです。

アドレナリンは、攻撃のためのホルモンですが、まさにやる気を引き出すホルモンでもあるのです。

ですから、攻撃的な動作をとっていると、やる気のほうも引き出されてくる、という寸法です。

やる気がないときには、ぜひこの裏ワザを試してみてください。

ポルトガルにあるリスボン大学のトーマス・シューベルトは、「ある作業をしながら、人間は、別の作業も同時にできるのかを調べたいんですよ」と嘘をついて、利き手でないほうの手でジャンケンのグーを作らせながら、自己評価のためのテストを受けさせました。本当は、握りこぶしを作っていると、自己評価がどう変わるのかを調べる実験だったのですが。

その結果、握りこぶしを作っていると、積極的で、自信がつく、と感じやすくなることがわかりました。

この結果は、ジャンケンのチョキの動作をとらせたときには、見られないものでした。やはり、握りこぶしでなければならないようです。

「なんか、やる気が出なくて困るなあ……」というときには、歯を食いしばって、思いっきり手を強く握って握りこぶしを作ってみてください。そうすると、心の中に積極的なやる気が生まれてくるはずです。

やる気を引き出すのは、そんなに難しいことでもありません。

やる気があるような姿勢、つまり、攻撃的な姿勢をとってみるだけで、私たちの脳みそからはやる気の源のアドレナリンが分泌されるからです。

赤いものを身につける

すぐに攻撃に移れるような姿勢をとると、アドレナリンが分泌されます。

では、ほかにもアドレナリンを分泌する方法はあるのでしょうか。

もちろん、あります。その1つが、**「赤いもの」を身につける**こと。

赤いものを身につけると、やはりアドレナリンが分泌されるのです。攻撃に関連した「赤い血」を連想させることで、脳みそがだまされてしまうのでしょうか。その辺のメカニズムはちょっとよくわからないのですけれども。

プロゴルファーのタイガー・ウッズや、石川遼さんが、ここ一番というときには赤いズボンをはいて出場することはよく知られていますが、赤いものを身につけると、**交感神経の働きが活性化**します。**副腎からアドレナリンが分泌され、身体は興奮状態**

になり、心拍数が増えて血圧も上がります。そのため、ものすごくエネルギッシュになれるのです。

「燃える闘魂」と呼ばれた元プロレスラーのアントニオ猪木さんは、真っ赤なマフラーがトレードマークでしたが、心理学的に言えば、赤色のマフラーを身につけていたから、猪木さんは「闘魂」を引き出すことができたのだろう、とも言えるわけです。

赤色は、私たちを緊張させます。

信号機の赤色は、「危険だぞ!」ということを一発で教えるために、赤色が選ばれているのです。

そういう意味では、**赤色は私たちの気持ちを引き締めてくれますから、ゆるんで何もしたくないという気持ちを吹き飛ばす効果がある**と考えられるでしょう。

ちなみに、赤色が入った洋服や小物を持つことには、「おまけ」の効果もあります。それは、男性の場合、女性によくモテるようになる、ということです。

米国ロチェスター大学のアンドリュー・エリオットによると、女性は、赤色のものを身につけた男性を好むというのです。なぜかというと、赤色は、「高い地位」を連想させ、女性は地位の高い男性を好む傾向があるからです。

結婚するのなら、できるだけ地位の高い男性のほうがいいので、女性は地位の高そうな男性を無意識的に選ぼうとします。それに役立つのが赤色だというのです。


とにかく、やる気が出ないときには、赤色を身につけましょう。

さすがに全身真っ赤というのはやりすぎなので、ネクタイだけ赤にする、赤いボールペンを使う、などがおすすめです。

あるいは、トマトなど、赤色のものを食べるのもいいかもしれませんね。パスタならトマトソースのものにするとか、お刺身なら赤身にするとか。そういうものを目にして、しかも食事をして体内に摂取すれば、アドレナリンもどんどん出てきて、元気になれるのではないかと考えられるのです。

第4章

行動力のある人に生まれ変わる心理戦略

仕事の早い人と一緒に仕事をする

私たちは、一緒にいる人たちの影響を、気づかないうちに受けています。
たとえば、職場全体がのんびりしていて、社員も全員のんきに仕事をしているような場所ですと、自分１人だけが頑張ろうという気持ちにはなりません。
私たちの心理は、一緒にいる人の影響を受けます。これを「**感染効果**」と言います。

バリバリ仕事をしたいのならば、できるだけエネルギッシュな人と一緒に仕事をさせてもらいましょう。ランチも一緒に食べて、その人のそばで仕事を見せてもらいましょう。そうすれば、自分も知らないうちに、その人と同じくらいエネルギッシュな人間になれるはずです。

マイアミ大学のジェームズ・コインは、45名の女子大学生にお願いして、メンタルヘルスセンターのうつ病外来患者と、普通の人と20分間、電話でおしゃべりをしてもらいました。

ただし実験の名目は、「お互いに知り合いになるプロセスを調べるもの」としか知らされず、うつ病の人と話した人も、相手がうつ病であることは教えられていませんでした。自由に話していいことになっていたのです。

ところが、20分が経ってそのときの気分を測定してみたところ、うつ病の人としゃべった人は、みなうつ的な気分が高まってしまうことがわかりました。うつ病の人と話していると、話した人までうつになってしまうことが判明したと言えます。

やる気のない人とおしゃべりなどしていると、こちらのやる気までそがれると言えるでしょう。そういう人には、なるべく近づかないようにして、やる気がある人、モチベーションが高い人、ポジティブな性格の人に近づくのがポイントです。

諺にもありますよね、「君子、危うきに近寄らず」と。

やる気のない人と一緒につるんでいると、自分までそういう人になってしまいますから、危険にはなるべく近づかないほうがいいのです。

勉強なんて全然好きではなくとも、超がつくような進学校に入学すると、やはり勉強ばかりするようになります。周囲のクラスメートの影響を受けるからです。

その点、中学校までは優秀だったのに、中途半端な普通高校に入学すると、とたんに勉強をしなくなることもあります。やはり、**周囲の影響を受ける**のです。

短距離走のタイムを計るとき、速い相手と併走すると、なぜかタイムが縮まることがあります。これを一般に「ラビット走」と呼ぶのですが、仕事にも応用できます。

自分よりも、はるかに仕事ができる人と一緒に行動させてもらってください。

「これが本当に自分なのか」とびっくりするくらい、その人に引っ張られてたくさん仕事ができるようになるはずですよ。

憧れの人のモノマネから入る

仕事でも、スポーツの練習でも、もし憧れの人がいるのなら、その人を真似するといいですよ。

バットの素振りを毎日500回やると決めても、なかなかできるものではありませんが、それは単純な素振りをくり返そうとするからです。

どうせ素振りをするのなら、大好きな選手のことを考えて、その人の真似をしながら素振りをしてみたら、どうでしょうか。

そのほうがやる気も出てきて、500回以上も軽くバットを振ることができるかもしれませんよ。

憧れの人を真似するのは、とてもいいことです。

フェイスブックの創始者マーク・ザッカーバーグが、アップルのスティーブ・ジョブズを敬愛していることは有名な話です。

ザッカーバーグは、ジョブズが大好きで、ジョブズの真似をしたがりました。ジョブズが若い頃には一日に18時間くらい働いていたので、それを真似して成功者になったともいわれています。

バルセロナオリンピック・柔道の金メダリストであり、五輪に3回も出場した吉田秀彦選手は、「平成の三四郎」といわれた古賀稔彦選手に憧れていました。自分も古賀選手のようになりたいと思って練習に励みました。

吉田選手は、ソウルオリンピックのときは、古賀選手の付き人として帯同したのですが、当時、古賀選手が無精ひげを生やしていたので、彼もひげを伸ばしたりと外見の真似から入り、試合前のリラックス法や畳に向かう歩き方なども徹底的に真似したそうです（高畑好秀著、『自分の力を１２０％引き出すメンタルトレーニング』、日本実業出版社）。

憧れの人の真似をする

憧れの人のモノマネをしていれば、どんな練習だって苦しくないはずですよ。**「今、自分は憧れの人と同じことをやっている！」**と思えば、嬉しくはあっても、苦しさなんて感じるわけがないのです。

面倒なことをするときには、人のモノマネをしてみたら、どうでしょうか。そうすれば、面倒なこともそんなに気にならなくなります。

心理学では、人の真似をするやり方を、**「モデリング」**と呼びます。

モデリングとは、「モデル」（お手本）の真似をするという意味なのですが、これはとても効果的であることが知られています。

カリフォルニア州立大学のスティーブン・グレイは、バドミントンのスイング練習をさせるとき、20分間、プロ選手のラケットの握り方、足の運び方などを、ビデオを見せて真似させるようにすると、フォアハンドもバックハンドも格段に打ち方の技術が向上したという報告を行っています。

モデルはだれでもいいので、とにかくだれかお手本を決めて、その人の真似をしながらやったほうが、仕事も面白くやることができて、はかどるかもしれませんね。

何事も完ぺきにやりすぎない

アメリカには、「バターをノコギリで切るのはエネルギーの浪費」という言葉があるそうです。**何事も、手間をかけすぎるのはよくない**という意味です。

いつでも完ぺきにやろうとすると、ものすごく精神的なプレッシャーが大きいですよね。いつでも１００点満点でなければダメだ、などと考えてしまうと余計なプレッシャーを感じて、気持ちが重くなっていきます。

そこで、何をするにしろ、**「70点で十分」「80点で合格」という気楽な構え**でのぞみましょう。**１００点を目指すから苦しいのであって、70点でいいやと割り切ってしまえば、そんなに苦痛になりません。**これが行動的な人間になるコツです。

プレゼンテーションや、人前で話すときに、聞いている人全員に感銘を与えようなどと考えると、どれほど準備しても足りないような気がします。大変なプレッシャー

完ぺきにやろうとしすぎない

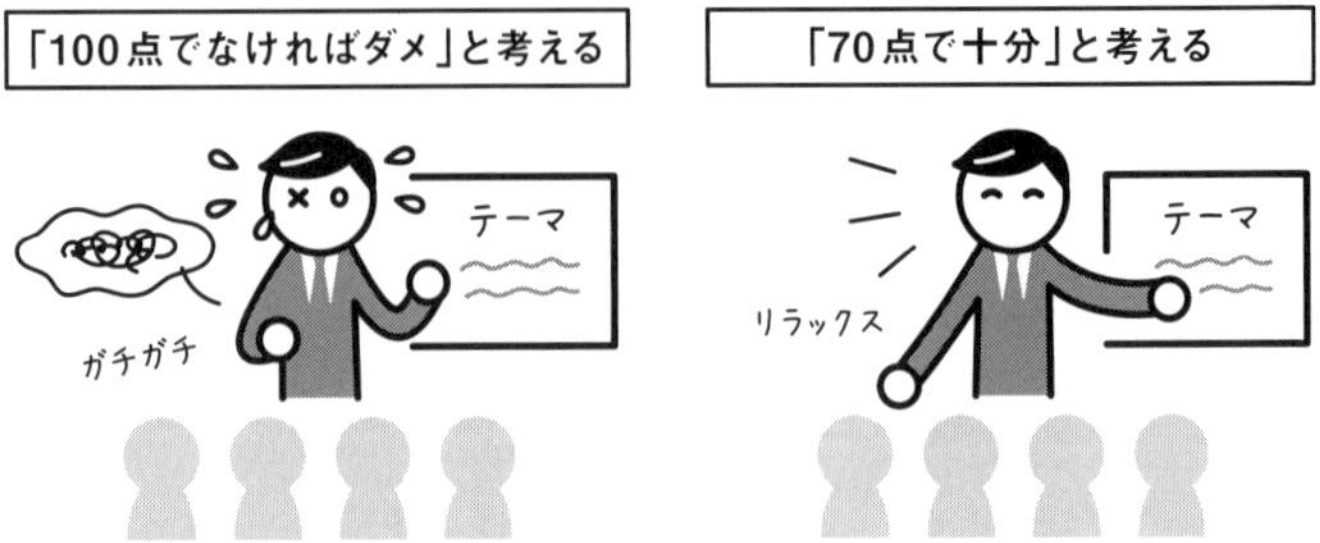
「100点でなければダメ」と考える
ガチガチ
テーマ
「70点で十分」と考える
リラックス
テーマ

で押しつぶされそうになるでしょう。

その点、「まあ、半分くらいの人に聞いてもらえればいいか」と思ってのぞむと、自然体でリラックスして話すことができ、かえっていいプレゼンができたりするものです。


ケント大学のC・ベッカーは、サッカー、バレーボール、トラック競技、フィールド競技などのアスリート535名を対象に、どれだけ完ぺき主義なのかを調べました。

その一方で、競技不安についても調べてみたのですが、完ぺき主義の選手ほど、競争することに不安を感じる度合いが高くなることがわかりました。

完ぺきにやろうとすると、不安ばかり募ってしまい、これでは試合でもいい結果が残せるわけがありません。

「絶対に金メダル！」

「絶対に1位を獲ってやる！」

「完ぺきなパフォーマンスを見せてやる！」

そんなことを考えるから、心が苦しくなるのです。そもそも完ぺきにやろうと考えなければいいのですよ。

もちろん、手を抜きまくりなさいと言っているわけではないのですよ。本気を出すことは当然ですが、結果については、もう自分ではどうしようもないことなのですから、そこを期待してはならないのです。

やるべきことをきちんとやったら、後はもう天に運をまかせましょう。

「80点もとれれば十分だ」と考えましょう。それくらいリラックスしたほうが、かえっていいパフォーマンスができるものなのです。

仕事をするときに、完ぺき主義でやろうとすると、いつまでも仕事をスタートさせることもできません。**気楽に構えて、そんなに高望みせずにスタートしたほうが、いい仕事ができる**ということも覚えておくといいでしょう。

面倒なことは「チーム」でやる

1人でやるのが面倒くさいと思うのなら、ほかの人も誘って、一緒にやってみるのはどうですか。

何人かに声をかけて、「一緒にこういうことをやろうよ」と提案してみるのです。

1人でやるのは面倒くさいかもしれませんが、〝チーム〟でやるのなら、そんなに辛いとも感じないかもしれませんから。

たとえば、社内の掃除。

自宅の掃除だって面倒くさいのに、会社の掃除なんて、なおさらやりたくないと思うかもしれませんね。

けれども、それは1人でやろうとするからです。何人かに声をかけて、みんなでやるのであれば、掃除だってやってみるとけっこう面白いものですよ。

仕事だって、研究だって、1人きりでコツコツとやるのはとても大変です。人間は、そんなに強くありませんから、1人で精を出すのは難しいのです。

その点、何人かが集まれば、大変なことでもけっこうできてしまいます。

最近の農業は機械化されていますから、農家は1人で作業もできるようになりましたが、昔は、田植えにしろ、稲刈りにしろ、近隣の人たちが集まって、一斉にやっていたものです。みんなでやれば、辛いことも楽しくできるからですね。

それにまた、力を結集すると、1人きりでやるよりもパフォーマンスも向上するのです。

チームでやったほうがパフォーマンスが向上することを、心理学では**「社会的促進」**と呼んでいます。

1人では到底できないことも、何人かで集まればできてしまうのですよ。

ドイツにあるヴェストファーレン・ヴィルヘルム大学のヨアヒム・ハフマイヤーは、1996年から2008年までのオリンピックと、1998年から2011年までの世界選手権、さらに2000年から2010年までのヨーロッパ選手権に参加した、100メートル自由形の水泳選手199名のタイムを調べてみました。

ハフマイヤーは、個人で自由形を泳ぐときより、リレーの自由形で泳ぐときのほうが、同じ選手でも、タイムが伸びるのではないかと考えました。

なぜなら、リレーのときには仲間がいますから、社会的促進が起きて、普段なら出せない力も出せるだろうと思ったからです。

調べてみると、まさにその通りの結果になりました。

個人の自由形より、リレーの自由形のほうが、どの選手も頑張ったのでタイムがよかったのです。

また、リレーでは、より責任の多いアンカーについて調べてみると、アンカーほど、個人のタイムより伸びていることもわかりました。

「なんだか、1人だと気分が乗らないな」

そういうときは、だれかほかの人を誘うのですよ。

残業だって、本当はやりたくなくとも、ほかの人も手伝ってくれるということになれば、けっこう楽しく残業できるものですし、仕事が終わったときに一緒に飲みに行けば、格別のビールを味わうことができます。

まずは友達を作りましょう。

何をするにしろ、だれか連れがいてくれるというのは、とても心強いものなのです。

重たいカバンを持ち歩かない

かつて私はカバンの中に、何冊も本を入れて持ち歩いていました。電車の中や、訪問先の会社の受付で担当者を待っているときに読むためです。けれども、本というのは意外に重いのですよね。

重いものを持っていると、身体が疲れるだけでなく、心も疲れやすくなるのです。身体に重いものを身につけていると、同じ仕事をしていても、「なんだか大変だな」「難しそうだな」「できればやりたくないな」と思うようになってしまいます。

ですから、できるだけカバンの中には余計なものを入れないようにして、すっきりさせておくべきです。軽いカバンを持ち歩くようにすれば、心も軽くなって、やる気も出てきます。

とても面白い心理実験があります。

ドイツにあるオスナブリュック大学のカイ・カスパーは、179名の男女に、男女10名ずつの写真を見せて、「この男性（あるいは女性）を口説くのは、どれくらい難しいと思いますか？」と尋ねてみました。

これだけなら普通の実験なのですが、カスパーは、写真を貼りつけておくクリップボードの重さを変えていたのです。ある人には、576グラムの軽いクリップボードを渡し、別の人には2026グラムのクリップボードを渡したのです。

するとどうでしょう、重いクリップボードを渡された人たちは、「この人を口説くのは難しそう」と答えることが多かったのです。

つまり、この実験は、**物理的に重いものを持っていると、心理的な困難さも大きく見積もってしまう**、ということを示唆していると言えます。

重いものを持っていると、何でも大変そうに思えてしまいます。

「う〜ん、どうせ営業に行っても、契約なんてとれそうにないなあ……」

「う〜ん、どうせ電話をかけても、断られるだけだろうなあ……」

「う〜ん、この仕事は明日に回しちゃおうかなあ……」

物理的に重いものを持っていると、心理的な困難さも大きく思える

重いものを持つ
ズッシリ
契約
取れそうに
ないな…
身軽
サッ
ガンガン
営業先を
回るぞ！

こういう弱音を吐いてしまうのは、ひょっとすると、重たいカバンなどを肩からぶら下げているからかもしれません。もっとカバンを軽くすれば、心理的な困難さも感じにくくなり、

「よ〜し、ガンガン営業先を回ってやるか！」

「よ〜し、終業時間までに、顧客に電話をかけまくってみよう！」

「この仕事は今日中に片づけてしまおう！」

そういう気持ちが生まれてくる可能性が高まりますよ。

私たちの心理は、ほんのちょっとしたことでものすごく大きな影響を受けるものですが、身につけているものの重さも、けっこう大事な要素ですからね。なるべく身軽でいたほうが、フットワークよく行動できるようになるでしょう。

悪い期待を持つのも、決して悪くはない

心理学の本を読むと、よく「ポジティブ思考が大切」などと書かれていますが、別にポジティブ思考なんて、できなくても大丈夫ですよ。

悲観的なこと、否定的なことばかり考えてしまう人だって、それはそれでメリットがないわけではありませんから、そんなに気にしなくともいいのです。

たとえば、将来に対して悪い期待を持つことは、悪いことなのでしょうか。

いえいえ、そうではありません。

悪い期待が頭の中に思い浮かぶと、私たちはその期待を頭の中で何度もリハーサルし、ネガティブな出来事に適応しようとするのですよ。つまりは、**ネガティブなことに対する耐性がつく**のです。

むしろ、ポジティブなことしか考えていない人は、いきなり厳しい現実を突きつけ

られると、「こんなはずじゃないのに……」と現実を直視できずに、受け止められなかったりします。

アメリカでは、離婚率が非常に高く、結婚した2組の夫婦のうち、1組は離婚してしまいます。

なぜ、そんなに簡単に離婚してしまうのでしょうか。

アリゾナ大学のクリス・セグリンによると、その理由は、結婚に対してあまりに理想化した幻想を持っているからだそうです。

たいていの人は、テレビや映画の影響なのでしょうか、結婚することには、いいことしかないと思い込んでいます。

ところが現実には、イヤなこともたくさんあるわけで、そういう現実に直面したとき、「こんなはずじゃなかった……」と感じてすぐに離婚してしまうのだそうです。

かつての日本では、たとえば嫁に行く娘に対して、親は、「ものすごく大変だぞ」という覚悟をさせました。姑にいじめられてイヤな思いをいっぱいするのだろうな、

悪い期待も役に立つ

と女性も覚悟してから結婚しました。ですから、わりと我慢できたのです。頭の中でさんざんリハーサルすることで、厳しい現実への耐性がついたのでしょう。

その点、近頃の日本はアメリカと同じようになってきて、結婚に対して甘い期待ばかりを抱く人が増えました。ですから、結婚に耐えきれずに離婚する人が着実に増えてきています。

甘い期待を持つより、むしろ悪い期待を持ちましょう。

私は、大学4年生には、「社会に出ると、イヤな思いをたくさんするぞ」とさんざん脅していいます。そういう悪い期待を持たせておいたほうが、実際に社会に出たときに耐えられるだろうと思うからです。親心ですね（笑）。

会社というところは、素晴らしいところだ。面白い仕事をやらせてくれて、たくさんのお金と有休をくれるものだ、などと思っていたら、せっかく入社してもすぐに辞めてしまうでしょう。そうならないようには、悪い期待を持っていたほうがいいのです。

仕事をするときにもそうで、悪い期待を持っていたほうが、現実に悪い結果になったときに、そんなに傷つかずにすみます。「もうなんにもやる気が起きなくなっちゃった」と心が腐ることもありません。

悪い結果も、頭の中で何度もリハーサルしておきましょう。リハーサルしておけばしておくほど、現実に悪いことが起きても、けっこう軽く受け止めることができますから。

誤った理想を持たない

明るいことだけを考えていると、人間はハッピーになれるのかというと、そんなことはありません。むしろ、逆です。

甘い期待などを抱いていると、現実の厳しさに打ちのめされて、立ち上がれないほど意気消沈してしまいますから、最初から甘い期待などを持たないほうがいいのです。

カナダにあるトロント大学のジャネット・ポリヴィは、**「誤った理想シンドローム」**という専門用語を作りました。

たとえば、自分を変えようと思っている人がいるとしましょうか。

性格を変えようとか、ダイエットしようとか、美容に気をつけようとか、ともかく自分を新しく生まれ変わらせたいと思っている人がいるとします。

ポリヴィによると、**自分を変えようとする人に共通しているのは、「自分を変える**

ことなんて簡単だ」と思い込むことだと言います。

しかも、そういう人たちはみな、「短期間で達成できる」と思い込むらしいのです。さらに、「自分を変えることでものすごく大きな利益まで得られる」と思い込むらしいのです。

ポリヴィは、これらはすべて間違いで、「誤った理想」にすぎないと指摘しています。

現実には、自分を変えることはとても難しいですし、短期間で変われるはずなどありません。しかも、自分を変えることで大きな利益があるかというと、そんなこともないのです。

結果として、自分を変えようと試みる人は、その試みがうまくいかず、失敗に打ちのめされ、かえってみじめな気持ちになってしまうだけだ、とポリヴィは述べています。

大きなものを望んではいけません。

やすやすと目的が達成できるなどとも思ってはいけません。

そんな風に思っていると、現実にうまくいかなくなったとき、すべての努力が無意味に思えてきて、自己嫌悪に陥ってしまいます。大きなものを求めず、自分ができることを、コツコツとつづければいいんですよ。短期的にかなえようとするのではなく、それこそ5年、10年のスパンで考えましょう。そのほうが、努力は実ります。

現実は厳しいものですからね。また、そう思っていたほうが、やる気がくじけにくいということもあります。

先ほど、結婚に甘い期待を抱いている夫婦ほど、離婚しやすくなるというお話をしましたが、結婚に限らず、人生のすべては厳しいものだと思っていたほうが、現実的です。

徳川家康は、「人生は重き荷を背負うて、遠き道をゆくがごとし」という遺訓を残したと言われていますが、「人生は苦しいものだ」と思っていたほうが、その苦しさに耐えられるようになるのです。

頭の中での「引き寄せ」で嫌悪感をなくす

嫌いな対象を好きになりたいのであれば、その嫌いなものを、頭の中で、自分に近づけるような空想をしてみるといいかもしれません。

私たちは、**自分のそばにあるものを好み、遠くにあるものを嫌う、という傾向があるから**です。

シカゴ大学のアパルナ・ラブルーは、頭の中のイメージで心理的な距離を縮めると、それだけその対象を好きになるのではないかと考えました。そして、この仮説を検証するための実験もしています。

レッド・カレー・バッタという、食べ物の缶詰があります。

バッタの缶詰ですよ。だれだって、あまり食べたくないと思うのですが、この商品をラブルーは実験に使いました。

ラブルーは、それぞれのグループに、次のような指示を出したのです。

第1条件：「頭の中で、この商品を自分のほうに引き寄せるイメージをしてください」
第2条件：「頭の中で、この商品を自分から遠ざけるようなイメージをしてください」
第3条件：「この商品をじっと見てください」（コントロール条件）

この指示の後で、ラブルーは、商品に対する好意的な評価を7点満点でしてもらいました。また、いくらなら商品に払いたいかも聞いてみました。すると、結果は次のようになったそうです。

	引き寄せ	遠ざけ	コントロール	
商品への評価	2・28点	1・41点	1・31点	（7点中）
いくら払いたいか？	1・49ドル	0・33ドル	0・19ドル	

（出典：Labroo,A.A.,& Nielsen, J. H.)

頭の中で苦手なものを自分に近づけてみる

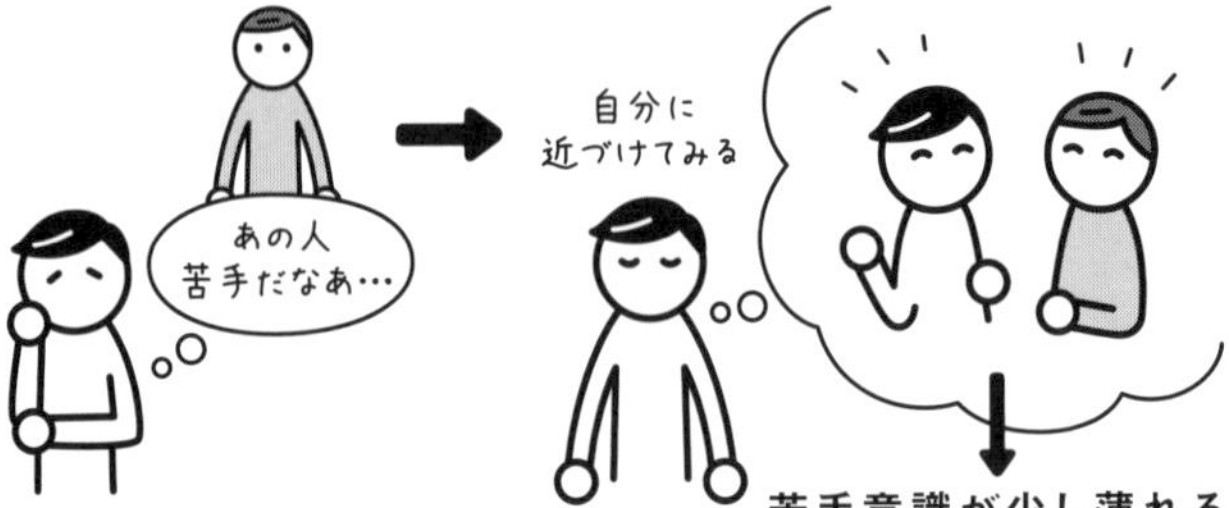

あまり好まれないはずのバッタの食べ物でさえ、頭の中で自分に近づければ、好ましく感じられることが、このデータからわかります。

「あの人に会うのは面倒くさいな」「あまり好きではないな」という人がいるのなら、その人が自分に近づいてきて、和やかに談笑しているような場面でもイメージしてみるといいでしょう。そういう思考操作をやっていると、嫌いな人でも、そんなに嫌いではなくなるかもしれません。

スポーツジムに通うのが面倒くさいのなら、スポーツジムの機材についてイメージしてみるとか、そこで身体を動かしている自分の姿をイメージするのもいいでしょう。そうすれば、やはりジム通いをすることへの抵抗感が薄れるはずですよ。

やらない自分に罰で活を入れる

もしサボって何かをしないときには、自分に罰を与えるといいですよ。厳しい罰が待っていると思えば、面倒くさいと思ってもサボれなくなりますからね。

罰を与えるというのは、人を動かすときにきわめて有効な方法です。

仕事だって、本当はサボりたいのに、なぜみんなせっせと働くのかというと、罰が怖いからですよ。ヘタをすると、懲戒解雇されて、仕事を失います。これはものすごくイヤな罰ですから、みんな素直に会社で決められたルールを守るのです。

面倒くさいことをするときには、罰も決めておくのはいいアイデアです。

「〇〇しなかったら、△△」のような。

そういう罰があれば、人間って、手抜きできなくなりますよ。罰をくらうのは、だれだってイヤなものですから。

イエール大学の経済学者イアン・エアーズが立ち上げた、ユニークなウェブサイトがあります（stickk.com）。

ここでは、なんらかの誓いを立てて、もしその誓いを自分が守れなかったときには、自分が大嫌いな団体や組織などにチャリティで寄付をしなければならないのです。罰金がかかるわけですね。

たとえば、「3か月以内に5キロ痩せなかったら、いくらの寄付をします」という誓いを立てるわけです。

これは非常に効果的らしく、約束をした人は、罰金を払いたくなくて、必死になって努力するみたいですね（ケリー・マクゴニガル著、『スタンフォードの自分を変える教室』大和書房）。

同じことを、みなさんも友達たちと一緒にやればいいのですよ。

「もし自分がサボっているところを見つけたら、千円あげる」と同僚に言っておけば、仕事もサボらなくなるでしょう。なぜって、千円を払うのはバカらしいですから。

面倒な自分を動かすときに、意志力に頼ってはいけません。

意志力ほど、アテにならないものはないのですよ。

ですから、友達や、上司や、部下たちに、なんらかの誓いを立てるのです。もちろん、罰も込みでなければなりません。罰がない誓いなんて、まったく効果がありませんから。法律もそうですよね。罰則規定のない法律なんて、だれも守ろうとしません。飲酒運転も、昔は、法事のときに出されるお神酒くらいならお目こぼしされたものですが、今では厳しい罰が課されるようになりました。そのため、飲酒運転をする人は大激減しました。これも罰の効果でしょう。

やりたがらない自分に活を入れるには、少々の荒療治が必要です。自分を甘やかさず、厳しい罰を設ければ、やりたくないことでもやるようになりますよ。

背水の陣をしく

「もう後がない」という状況に置かれると、人はとんでもない力を発揮することが知られています。火事場の馬鹿力と呼ばれるヤツですね。

最大のパワーを発揮したいのなら、絶体絶命の状況に自分を追い込んでしまうのもいいかもしれません。背水の陣をしけば、だれだって死にもの狂いで頑張りますよ。

戦後、日本は奇跡の復興を遂げました。

敗戦のため、日本はあらゆるものを失いましたが、そこからわずか数十年で、欧米と肩を並べ、さらに数十年で追い抜くほどの奇跡の復興を遂げたのです。

昔の日本人は、今の日本人よりも勤勉だったから頑張れたのでしょうか。

いえいえ、そうではありません。とにかく、働かないと、生きていけなかったのです。がむしゃらに頑張らないと、食べられなかったのです。だから、みんな目の色を変えて頑張ったのです。

今の日本人は、ゆとりに慣れてしまって、勤勉ではなくなってしまったと嘆く人もおりますが、私はそうは思いません。今は日本も豊かになったので、背水の陣をしいて頑張る必要がなくなっただけです。もし戦後すぐのように、背水の陣をしかなければならない状況になったとしたら、今の日本人だって、同じくらい頑張るはずですよ。追いつめられれば、人は頑張るのです。

2000年のオリンピックにおけるトライアスロン競技において、水泳でパーソナル・ベストを更新する選手が続出しました。

すごいですね。どの選手も自分のベストを易々と更新してしまったのですから。

でも、その理由を聞くと、「なあんだ」と思いますよ。

というのも、シドニー湾にはサメがいると思われていて、選手は全力で泳いだのです（笑）。のんびり泳いでいて、サメに襲われたらたまったものではありません。ですから、みんな頑張ったのです。

先ほど、「自分に罰を与えるといいですよ」という話をしましたが、背水の陣をし

「もう後がない」状況にすれば本気で頑張れる

サメがいる＝後がない
追い詰められると、
最大の力を発揮する

くのは、その極端な事例だと思ってください。生命を失うという最大の罰をどうにかして避けられるのなら、人は必死になるのです。

バーミンガム大学のアリソン・ロルフは、10代で母親になった33名の女性にインタビューを行いました。

10代で出産した女性は、それまでは自堕落な生活をしていたり、不良だったりしていても、出産後には「責任のある大人になれた」と答える人が多かったのです。

なぜなのでしょう。その理由は、自分がしっかりして子どもを育てなければ、と思ったからに他なりません。

男性でも、たぶん同じでしょう。学生時代には、ものすごくいいかげんで、講義には1回も出席していなかったような人でも、社会人になって結婚したりすると、とたんに猛烈に働くサラリーマンになることは珍しくありません。

とにかく、背水の陣をしいてしまいましょう。そうすれば、人間は、やる気を引っ張り出そうとしなくとも、勝手にやる気が出てくるものなのですよ。

何でもいいからスタートさせる

やる気がないときには、とにかく何でもいいので、行動してください。

「えっ⁉　やる気がないのですが……」と思われるかもしれませんが、**何かをやっていれば、そのうちにやる気が出てきます。やる気が出ないのは、何もしていないからなのです。**

たとえば、営業に出かけたくないという相談を受けたとしたら、私なら次のような感じでアドバイスすると思います。

「先生、どうすればやる気が出てくるんでしょうか？」
「営業に出かけるのです」
「だから、その営業に出かけるエネルギーが出ないんですよ」
「すぐに外に出てください。やる気は後からついてくるんです」

やる気が出ないときは簡単にできることからはじめる

営業に出たくない…
とりあえず外を歩いてみる
やる気が出てきた

おそらく相談者は、しぶしぶと外に出て、目的もなく街をうろつきはじめるでしょう。ところが、しばらくぶらぶらと歩いていると、本当にやる気が出てくるのです。

どんなに小さな作業でもかまいません。とにかく何か行動していると、そのうちやる気が出てくるのです。

たいていの人は、やる気がないときには、何もしませんよね。ところが、それは間違いなのです。

何もしないから、いつまで経ってもやる気が復活しないのです。何かをしていれば、やる気は出てくるのです。

ブライアン・トレーシーの『カエルを食べてしまえ!』(ダイヤモンド社)には、やりたくないときには、何でもいいから1つの作業に取りかかって終わらせなさいというアドバイスが載せられています。そうすれば力が湧き、その他の仕事もやる気になるというのです。

これは心理学的に言っても正しいと言えます。

まったく無関連なことでも、何かしていれば、やる気は出てくるのですよ。

『海馬　脳は疲れない』(池谷裕二・糸井重里共著、新潮文庫)という本があります。この本には、私たちは何か作業をスタートすると、脳の側坐核という部位が刺激され、やる気が湧いてきますよ、と書かれています。

ある作業をしていると、脳みそも動きはじめますから、それによって身体も活性化しはじめます。

これを「**作業興奮**」と言います。言ってみれば、スポーツ選手のウォーミングアップみたいなものでしょうか。

「どうも、やる気が出ない」というときには、簡単にできることを何かスタートさせてください。

頭を使いたくないのなら、もらった名刺をホルダーに入れるとか、パソコンに数値のデータだけを入力していくとか、簡単にできそうなことをはじめるのです。

しばらくそういうことをしていれば、やる気も出てくるでしょうから、そうしたら本当の仕事に取りかかればいいのです。

第5章

それでも
やる気が出ない人
のための心理法則

行動そのものをやめる、という選択

本書は、面倒くさがる自分を動かすための心理テクニックをご紹介する本ですが、ものすごく大切なことも指摘しておかなければなりません。

それは、**面倒くさくてしかたがないのなら、いっそのことやめてしまう**、という選択肢があることもきちんと考えてみてほしいのです。

たとえば、子どもを塾や習い事に自動車で送迎することが、常々面倒くさくてたまらないなと思っているとしましょうか。

だとしたら、塾に行かせるのをやめればいいんですよ。子どもには、自分で勉強させるようにすればいいのです。そうすれば、なんの問題もなくなります。

私には2人の息子がいますが、どちらにも塾通いはさせませんでした。お金もかかるし、面倒くさかったからです。

また、「友達なんだから、〇〇してよ」と言ってくる、面倒な友達との付き合いに困っているとしましょうか。

なのであれば、「もう、あなたとは友達をやめるね」と絶交してしまえばいいのです。これで、わずらわしい要求に応える必要がなくなって、気分もサッパリしますよ。

「そんな極端なことは……」と思われるかもしれませんが、これは私が勝手に言っていることではなくて、マネジメントの神様と呼ばれた経営学者のピーター・ドラッカーが言っている、マネジメントの基本です。いくつかドラッカーを引用してみます。

コスト削減の最も効果的な方法は、活動そのものをやめることである。コストの部分削減が効果的であることは稀である。

『創造する経営者』ダイヤモンド社

いかなる解決策があるかは、問題によって異なる。しかし、あるひとつの解決案はつねに検討しなければならない。それは、いかなる行動もとらない、という解決策である。

『現代の経営』ダイヤモンド社

「やらない」というのは、立派な作戦なのですよ。

ですから、面倒でたまらないときには、「やらない」という選択肢があることも、ちゃんと考慮しなければならないのです。


交渉でもそうですよね。

相手が無理難題を突きつけてきて、まったく譲歩もしてくれないことがあります。そういう厄介な相手のときにはどうすればいいのかというと、「もう交渉は打ち切ります」と言えばいいのです。

これを専門的には、**「イグジット・オプション法」**と言います。「イグジット」とは出口のことですから、出口選択法という意味です。オランダにあるフローニンゲン大学のエレン・ギーベルスも、この方法は有効だと述べています。


ボランティア活動にしろ、自治会活動にしろ、会社の仲間たちとのフットサルチームにしろ、本当に面倒でしかたないのであれば、「もうやめた」という選択もアリなのだということは覚えておくと、少しは気がラクになるかもしれません。

ファイリングはしない

新聞や雑誌の切り抜きをしたり、資料をファイリングしたりということは、みなさんもやっているのではないかと思います。私も、図書館でとってきた論文のコピーなどはきちんと分野ごとにファイリングしたりしていました。

けれども、みなさんにご質問です。

そうやって集めた情報とか資料って、本当に使うでしょうか。

私は、「使わない」ということに気づいたので、今ではまったくファイリングをしていません。きれいにファイリングしたところで、どうせ二度と見ないのです。だから、ファイリングは必要ないな、という結論に達しました。

もちろん、読んだ論文の要約などは、パソコンにデータ保存していますが（箇条書きで書き込んであるだけですけど）、論文自体は一度読んだら捨てます。必要になったらまたコピーしてくればいいのであって、ファイリングはしません。

書類関係も、基本的にはファイリングはせず、一度読んだら捨てます。


これは、ベティ・ハラガンの『ビジネス・ゲーム』（光文社）という本にも書かれているのですが、一度読んだ書類には、二度と目を通さない、というくらいの厳しいルールを設けないと、書類は増える一方なのです。

英国ボーンマス大学のクリストファー・オーペンによると、**情報をいかに扱うかによって、時間の管理能力に大きな差が生まれてしまう**そうです。時間の使い方のうまい人は、情報の扱い方もうまいのです。


もちろん、「書類は全部捨ててしまいなさい」「ファイリングはやめなさい」という私の意見が極論だと思うのであれば、自分なりの情報収集をしてもいいでしょう。

ですが、私の経験上、ワードの同じファイルの中に、すべての情報を一括管理しておいたほうが、「検索」機能を使って引っ張り出すのも簡単です。たくさんのファイルを作ったりすると、いったいどこに情報をしまったのかがわからなくなってしまって、かえって検索しにくくなりますから、同じファイル内に全部を入れておくほうが便利だと思います。

面倒くさいことは、やらないに越したことはありません。
現代社会は、情報化社会ですから、情報といかに付き合うかはとても大切です。人間が利用できる時間は、だれでも一日に24時間しかないのですから、余計なことには時間をかけないほうがいいでしょう。

私は、まったく新聞も読みません。ムダだからです。夕飯を食べるとき、少しだけテレビのニュースを見るだけで、世の中の流れはだいたいわかります。それでいて、何か困ったことがあるのかというと、まったくありません。
必要のない情報には、なるべく接しないようにするのが、自分も疲れないコツだと思うのですが、いかがでしょうか。

「やる気がなくなった」ではなく、「飽きた」だけ

人間は、ずっと同じことをやっていると、飽きてきます。

しかし、**「飽きる」ことと「やる気がなくなる」ということは、決して同じではありません。**飽きてはいても、やる気やエネルギーは失われていない、ということはあります。

たとえば、英語の勉強をずっとやっていると、次第に飽きてきます。すると、たいていの人は、「ああ、疲れた」と言って休憩をとろうとします。

ところが、英語の勉強をいったん中断して、地理の勉強に変えてみるとか、数学の応用問題を解くようにすると、休憩などとらずとも、そのままぶっ続けで勉強できることも少なくありません。

疲れたと感じるとき、その仕事に飽きただけという場合もある

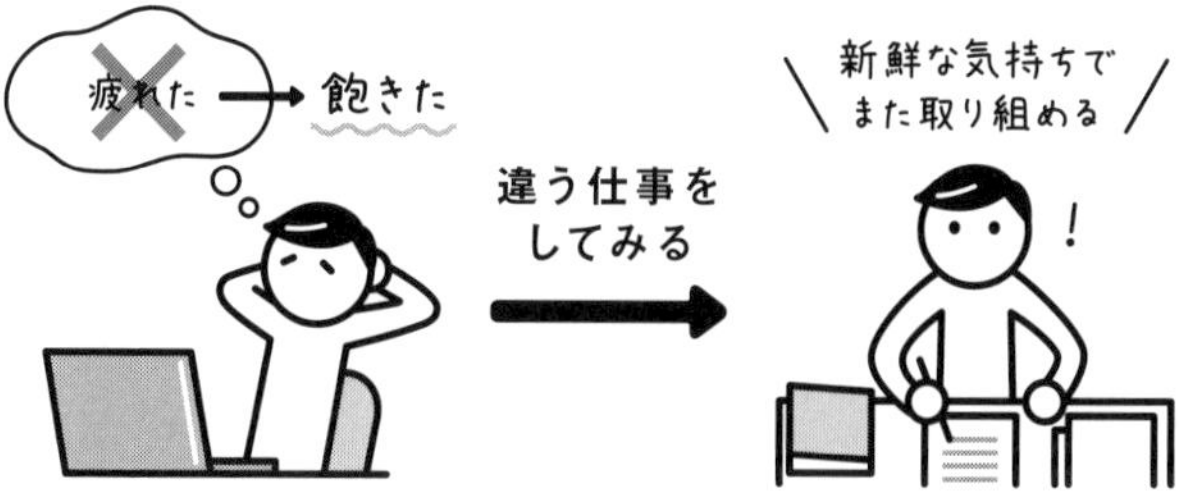

仕事もそうで、同じ仕事に飽きてきたら、何か違う仕事をしてみるのはどうでしょうか。違う仕事になれば、また新鮮な気持ちで取り組むことができるでしょうから、いちいち休憩をとらなくてすみます。

書類の作成に飽きてきたら、お客さまに電話をかけるようにしたり、資料を読んで新しいビジネス展開を考えてみたり、それにも飽きたら、新しい取引先を開拓するために外回りをしてみたり、あまり連絡をとっていなかったお客さまにメールを書いたりしてみるのです。

そうやって、いろいろなことをしていれば、ひょっとすると一日中、やる気を失わずに働くことさえ可能かもしれません。

「飽き」てくると、私たちは、やる気も失ったように感じてしまいます。

ミュンヘン大学のラインハルト・ペクランによると、大学の講義に飽きた学生は、92・3%がやる気も失ったと答えたそうです。

しかし、**本当はやる気を失ったのではなく、「飽きた」だけ**なのですよ。飽きたから、やる気も失ったように感じるだけなのです。

「やる気が出ない」と感じるときには、仕事を投げ出すのではなく、何かほかの仕事に変えてみるのは、いかがでしょうか。

「ほかに何もやることがない」というのなら、しかたがありませんから休憩をとりましょう。しかし、何かほかにやれる仕事があるのなら、休憩をとる前に、まずはそちらの仕事をやってみてください。「あれっ、けっこうまだ自分には余力が残っていたんだな」ということに気づくと思います。

私たちは、「飽き」てくると、「疲れた」ように感じることがありますが、本当は疲れてもいないのです。ただ飽きて、退屈してしまったから、休憩をとるための言い訳として、「疲れた」と口にするのです。

できれば、2つでも、3つでも、「自分がやるべき仕事」をいくつか持っているといいでしょうね。そうすれば、飽きてきたときに、そういう仕事もできますから。

もしほかの仕事がやらせてもらえないというのなら、上司に許可をとって、何か仕事を作ってしまいましょう。

たとえば、勤務時間中でも、会社の周囲やトイレ掃除などをやらせてもらうのはどうでしょうか。直接的なお金にはつながらないかもしれませんが、会社のみんなが気持ちよく仕事ができる環境づくりになると訴えれば、それも仕事の一環として認めてくれそうな気がするのですが、どうでしょうか。

「こんなの朝飯前」と自分をだます

どんなに苦しくとも、「なあに、これくらいへっちゃら」と自分に言い聞かせていれば、それほど苦痛を感じなくてすみます。ようするに**自己暗示をかけて、自分をだましてしまう**のですね。

朝起きたときに、ちょっとくらい体調がよくなかったり、昨晩のお酒が残っていたとしても、「ああ、よく寝た！」「今日も絶好調！」などと自分に言い聞かせるのです。ベッドから起きたら、もうそういうセリフを口に出してしまうのです。

そういうセリフを口に出して自分をだましていれば、本当に調子もよくなってきますよ。

小さな子どもは、転んでヒザをすりむいても、お母さんから、「ほら、もう痛くないよ〜」と言われると、ケロッとして立ち上がり、すぐにまた走りはじめたりします

自己暗示をかける

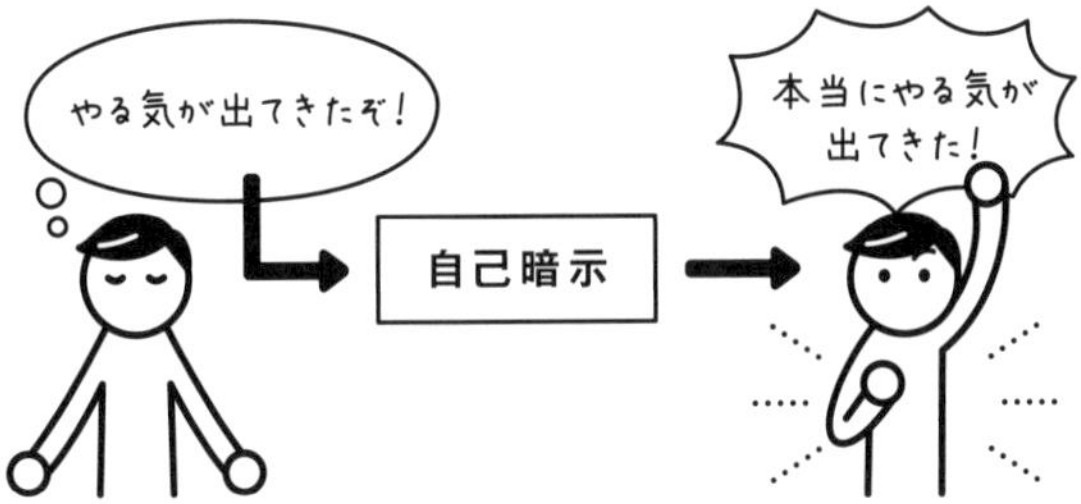
やる気が出てきたぞ!
自己暗示
本当にやる気が出てきた!

よね。これも暗示なのですが、こういう暗示を自分で自分にかけてしまうのです。

疲れたときに休憩をとって、お茶やコーヒーを飲んだとします。

そうして休憩時間が終わったときには、

「よぉし、やる気が出てきたぞ!」

「フルパワー充電完了!」

と声に出して言うのですよ。そうやって自分をだましてしまえば、ガンガン仕事ができるようになりますから。

米国コルゲート大学のジョアンナ・スタレックは、大学生の水泳選手を対象にして、どれくらい自分をだますのか(苦しくとも苦しくないフリをして練習をつづける、など)を調べてみました。

スタレックは、大学選手権に出場できるレベルの選手と、そうでない選手にわけて分析を行っているのですが、選手権に出場できるレベルの選手のほうが、「自分をだますのがうまい」という結果が得られたそうです。

練習するのは、だれにとっても苦しいもの。

ですが、レベルの高い選手は、そういうときにも自分を上手にだますことができるのです。もう完全に疲労困憊していても、「まだ、もうちょっとだけ練習できるパワーが自分には残っている」と考えます。本当は、もう倒れ込みたいくらいに疲れていても、「まだ、いける!」と自分に嘘をつくのです。

スタレックによると、自分をだます選手は、ストレスを軽減でき、ポジティブな自己概念を持つことができ、痛みへの耐性も高くなるようです。そしてまた、モチベーションが上がって、競争状況にも強くなるのだそうです。

苦しいときに、「苦しい、苦しい」と口に出したり、辛いときに、「もうイヤだ、もう逃げたい」と口に出したりしていると、どんどん苦しくて、辛くなってしまいますから、その反対のことをするようにしてみましょう。

朝起きるのが苦手な人は、カーテンを開けたまま寝るようにする

目覚まし時計を2個も、3個も使わなければ、朝起きられないという人がいます。

しかし、それくらいの悩みなら、あっという間に解決できますよ。

やり方は簡単、夜になって寝るときに、窓のカーテンを閉めたり、ブラインドを閉めたりしなければいいのです。そうすれば、朝になれば眩しくて寝ていられません。太陽の光で起きるのですから、ものすごく健康的でもあります。

目覚まし時計がけたたましく鳴り響くと、なんとなく「起こされた」という感じがしますよね。まだ眠いのに起こされるのですから、心理的にもイラッとして、不快な気持ちで起きなければなりません。

その点、太陽に文句を言う人って、あまりいないのですよね（笑）。

環境を変える

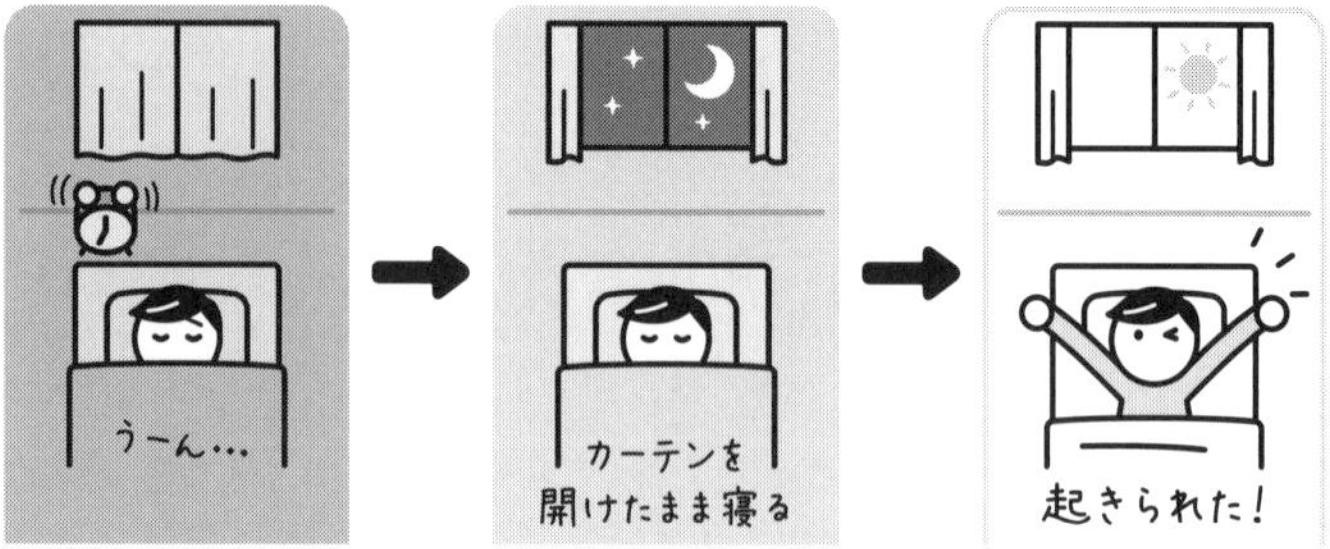

うーん…
カーテンを
開けたまま寝る
起きられた！

「チクショウ、今日も朝日を浴びせやがって！」と文句を言っている人など、見たことも聞いたこともありませんよ。ですから、太陽に起こしてもらったほうが気持ちよく起きることができるのです。

オーストラリアにあるエディス・コーワン大学のデビッド・ライダーは、自分の行動を変えるときには、環境をコントロールしたほうがうまくいくことを突き止めています。

自分の意志力を鍛えようとするのではなく、環境のほうを変えましょう。

そうすれば、人間の行動は、それに応じて変化しやすくなるのです。

心理学では、これを**「環境コントロール法」**とか**「刺激コントロール法」**と呼んでいます。

たとえば、仕事帰りにちょっと1杯、がどうしてもやめられないという人がいるとしましょう。

こういう人は、家に帰るまでの道筋を変えるのです。飲み屋街を歩いていれば、どうしてもお酒が飲みたくなるに決まっています。

ですから、そういうものがない場所を歩いて帰宅すればいいのです。そうすれば、お酒を我慢するという意識もなく、普通に飲まずにいられます。

コンビニでつい余計なものを買ってしまう人は、コンビニの前を通らずに帰ればいいのです。

お菓子やアイスを食べたくてしかたがない人がいるとしましょうか。

そういう人は、そもそもお菓子やアイスを買ってこなければいいのです。冷蔵庫や戸棚に置いてあるから、我慢できずに食べてしまうのです。自分の生活環境の中に、お菓子やアイスがないのであれば、そういうものを食べませんよ。食べたくても、そもそも家にないのですから、食べられないのですが。

私の知り合いは、家を建ててから、いきなり毎日何キロもウォーキングをするようになりました。

「偉いなあ」と思うかもしれませんが、そうではありません。

彼は駅から遠いところに家を建ててしまって、しかも近くにバス停もないので、駅に行くのに何キロも歩かなければならないだけなのです。

「なあんだ」と思われるかもしれませんが、**環境を変えれば、行動はすぐに変えられる**ということなのです。

面倒なことを「予期」しておく

せっかく集中して仕事をしているのに、上司から、「○○クン、ちょっとこっちへきてくれ」などと呼びつけられるのは、とても面倒くさいですよね。せっかく気分が乗っているときに、電話がかかってきて中断せざるを得なくなるときなどもそうです。

仕事をしていれば、往々にして、面倒なことが起きます。

けれども、**あらかじめ面倒なことが起きることを「予期」しておくと、けっこう我慢できるものなのです。**

予期していないときに、不意打ちのように他の人に邪魔されるから、面倒くさいと感じるのです。邪魔されることを前もってわかっているのなら、私たちはそれに対する心づもりができるので、当然起きるべきことが起きただけ、とわりとすんなり受け入れられます。

デューク大学のアンドリュー・カートンは、70名の大学生に「a」ではじまるスペルの単語を見つけるという面倒な作業をやらせました。

そのとき、半数のグループには、「途中で監督者に邪魔されることがあります」という予期を与えました。残りの半数には、そういう予期を与えずに、いきなり邪魔をしてみました。

そして、それぞれのグループの作業量（見つけ出した単語数）を計測してみると、邪魔されることを予期していたグループのほうが、はるかにいい成績であることがわかったのです。

前もって、邪魔されることを予期しておけば、人間は、そんなにイライラもしませんし、ごく自然に邪魔を受け入れ、しかもまたさっさと元の集中力を取り戻すことができるようなのです。

仕事をしていれば、いろいろ邪魔されることなんて日常茶飯事。

むしろ、邪魔されずに自分の仕事だけやっていればいい、などという幸運な日のほうが珍しいくらいです。

ですから、仕事をするときには、「たぶん邪魔が入るんだろうな」「午後になったら、だれかくるだろうな」とあらかじめ予期しておくといいかもしれません。そうやって予期しておけば、「ほら、やっぱり邪魔が入った」とすんなり受け入れることができますからね。

上司やクライアントに企画書や提案書を出すときにも、「どうせ手直しの注文が入るんだろうな」と思っていれば、実際に、修正の注文をされても、「面倒くさいな」とは感じません。「やっぱり、そうくるよね」と易々と心に受け入れることができるはずです。むしろ、「すごくいい企画書だったよ」などと一発でOKをもらうと、かえって拍子抜けするかもしれません。

あらかじめ体力をつけておく

私たちの意志力というものは、体力とも連動しています。体力がある人は、意志力も強いですし、体力のない人は、意志力も弱いのです。

そもそもの基礎体力がないのに、強靱な意志力を持とう、というのはムリです。体力がない人は、やっぱりやる気も出せませんし、何かをはじめてもすぐに投げ出したくなります。

したがって、まずは体力をつけてしまったほうがいい、ということが言えます。

昔の日本人は、強靱な意志力を持った人がたくさんおりましたが、それというのも自転車や自動車のような便利な移動手段もなく、自分の足で歩くしかなかったからです。普段から歩くのが普通の生活をしていれば、自然と体力もつきますよ。それが彼らの意志力をも鍛えたのです。

米国ケース・ウェスタン・リザーブ大学のマーク・ムラヴェンは、できるだけ長い時間ハンドグリップを握らせることで体力を使い果たさせると、その後に意志力を必要とする作業（悲しいドキュメンタリーを見ても心をできるだけ動かさないようにする）ができなくなることを実験的に確認しています。

体力がなくなると、意志力も出せなくなってしまうのですよ。

私たちは、体力と意志力がお互いに関連し合っていることを知りませんから、なぜか意志力ばかりを鍛えようとしてしまいます。

けれども、それは大間違いで、**意志力を鍛えたいなら、まず先に体力をつけたほうがいい**のです。意志力を鍛えるトレーニングと言われても、ちょっとピンときませんが、体力を鍛える方法なら、いくらでもありますからね。

それにまた、体力がついてきて、身体が引き締まってくると、目に見える形で、自己強化ができていることもわかります。意志力は目に見えないので、本当に鍛えられているのかどうかが、わかりません。

何をするにしても、口グセのように「面倒くさい」と言ってしまう人がいますよね。ちょっと椅子から立ち上がって、必要なファイルを持ってくることさえ、「面倒くせえ」と言ってしまうような人。

そういう人は、まず体力をつけることからはじめてください。

体力がないから、何事も面倒くさいと感じるのであって、体力があれば、面倒くさいなどとは思わなくなりますよ。

以前、私は太っていて、中性脂肪の数値が高いので、医者にウォーキングをすすめられました。しかたがないのでウォーキングをするようになりましたが、体力がついてきたのか、以前ほどはすべての物事に面倒くさいと感じなくなりましたね。これは、とてもいいことだと自分でも思っています。

ルーティンでやる気を引っ張り出す

何かをするときには、自分なりにある**「儀式」**を決めて、それをやるといいでしょう。そういう儀式を1つでも決めておくと、**その儀式をすることで、自動的にテンションが上がって、やる気も出てきますから。**

仕事をするたび、「やる気を出さなきゃ」「頑張らなきゃ」といちいち自分に言い聞かせるのは面倒ですよね。

ですから、ある儀式を決めておいて、その儀式をすればスムーズに、自分が最高のパフォーマンスができるようにしておくのです。

スポーツ選手は、その原理を経験的に知っているのか、大切な場面になると、必ずといっていいほど儀式化されたルーティン行動をとります。

たとえば、２０１５年に快進撃を見せたラグビーの日本代表選手だった五郎丸歩選手は、キックをする前に、独特のポーズをとることで有名になりました。「五郎丸ポーズ」という、指を組むあれです。

また、ＮＢＡでＭＶＰを2回も受賞したスティーブ・ナッシュは、フリースローの前に必ずボールを2回バウンドさせ、膝を曲げるという行動をとっていました。

野球のイチローにしろ、ゴルフのタイガー・ウッズにしろ、どの選手もみな儀式のように同じ行動をくり返していることがわかります。

ヘンドリー・ウェイジンガーは、こういうルーティン行動は、最高の心理状態（いわゆる「ゾーン」）に入りやすくするために、ものすごく効果的な方法だと指摘しています（『プレッシャーなんてこわくない』早川書房）。

スポーツ選手でなくとも、仕事にも、ルーティン行動は役に立ちますよ。

自分なりに何かの儀式を決めて、「さあ、これをやったんだから、自分は最高のパフォーマンスができるはず！」と思い込むようにすればいいのです。

何かをする前のルーティンを決めておく

仕事を始めるときのルーティン
＝コーヒーを飲む
よし、始めるぞ

自己暗示ですね。

念仏のように、「やる気よ、出てこい！」などと唱える必要はありません。

儀式をすれば、自然にテンションが上がるようにしておきましょう。そのほうが、面倒くさくなくてすみますよ。


映画監督の巨匠スティーヴン・スピルバーグは、撮影に入る前には、必ず黒澤明監督の『七人の侍』を見るという話を聞いたことがあります。

スピルバーグは、そうやってテンションを上げているのでしょう。

スピルバーグは、『七人の侍』を初めて観たとき、これこそが映画だと、猛烈に感動したのだそうです。ですから、『七人の侍』を観ると、そのときの感動がすぐにフラッシュバックされて、自分もやる気になってしまうのです。

仕事をはじめるときには、首を回すのでもいいですし、手を揉むでもいいですし、ホットコーヒーを飲むでもいいですし、何でもかまわないので、なんらかのルーティン行動を決めておくといいでしょう。そうすれば、すぐにゾーンに入ることができて、テンションだって上がります。

下準備に時間をかける

何をするにしろ、いきなりやろうとしてはいけません。

自分の調子が上がりきっていないのにやろうとしても、最高のパフォーマンスはできないからです。


「あれえ、こんなはずじゃなかったのに……」

「自分はもっとできると思ってたのに……」

最高のパフォーマンスができないと、思ったような成果を上げることはできませんし、時間はかかりますし、大変な労力もかかって、かえって面倒な思いをします。

ですから、まずは**最高のパフォーマンスをするための下準備**が必要なのです。


たとえば、書類を作成しなければならないとしましょう。

何かをする前に下準備をしておく

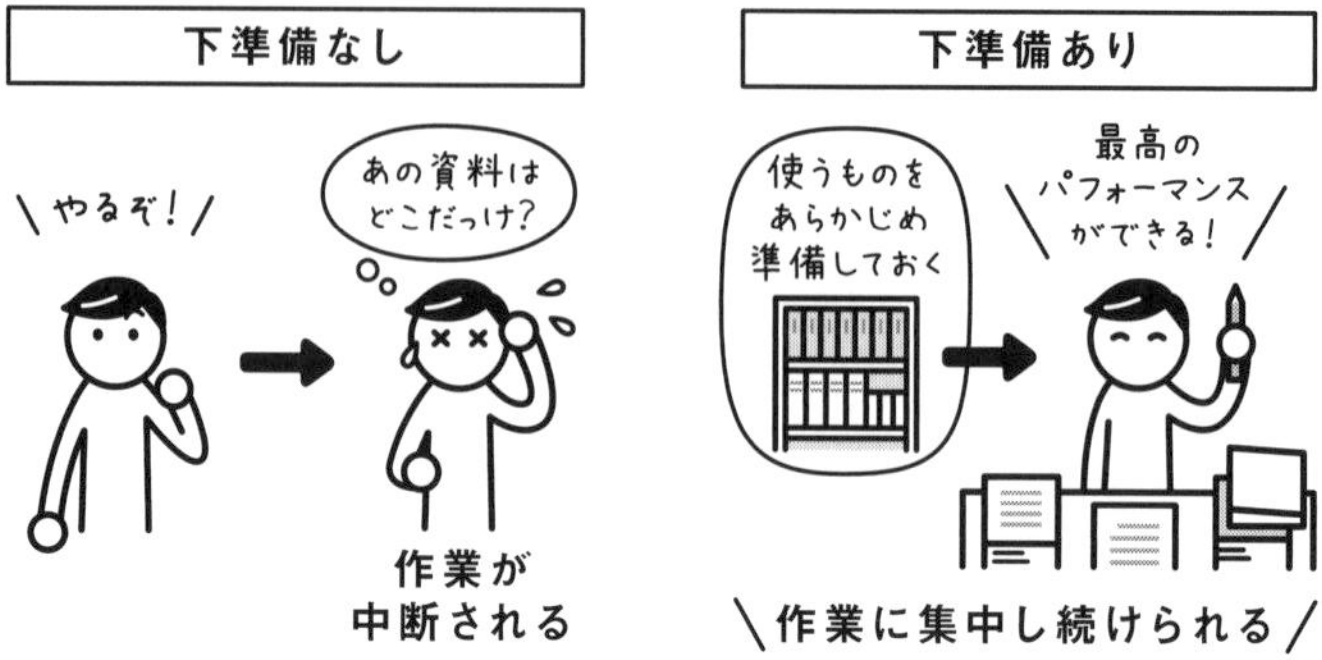

だとしたら、あらかじめ資料なり、データなりを、机の上に全部準備しておくのです。そうすれば、いちいち「あの関連する資料はどこだっけ？」とキャビネットに探しに行かずにすみます。いちいち作業を中断するから、時間もかかって、やる気もでないのです。

スマホの電源を切っておくのも、立派な下準備ですよ。そうしておかないと、作業中に電話がかかってきて、中断されますから。トイレに行っておくのもそうですね。作業中にトイレに行くのも、やはり時間の無駄ですから。

そういう準備をしたところで、ようやく

作業をスタート。これで面倒なく、最高のパフォーマンスができるでしょう。

オーストラリアにあるクイーンズランド大学のルース・アンダーソンは、世界選手権やオリンピックに出場するレベルの選手（カヌー、水泳、飛び込みなど）を17名ほど集めて、どうやって「ピーク・パフォーマンス」をしているのかを調べてみたことがあります。ピーク・パフォーマンスという専門用語は、自分の最高の（ピークの）演技なり、動作ができることを指します。

まずアンダーソンは、「ピーク・パフォーマンスとはどういう状態か？」と尋ねてみました。

その結果、一番多かった答えは**「自動化されたと感じる状態」**でした。**ほとんど無意識で身体が動くときが、最高のパフォーマンス**だというわけです。

ですから、余計なことに邪魔されることのないようにしておき、作業に没頭できる下準備が必要だと言えるでしょう。

次にアンダーソンは、「ピーク・パフォーマンスに役立ったと思うのは?」という質問をしてみました。

すると、**「心理面、身体面での下準備」**を挙げた人が9名いました。入念に下準備することで、自分の調子を上げていくのです。

それに関連して、**「試合前のルーティン」**を挙げた人も10名いました。ルーティンをすることによって、「さあ、やるか」という気分をじわじわと高めていくのです。ルーティンについては、先ほどすでに述べましたね。

最高のパフォーマンスをしたいなら、そのための準備をしっかりとしておきましょう。準備というのは、スポーツで言うところの「ウォームアップ」。これをしっかりやっておかないと、いきなりは調子が出るわけがないのです。

どんな仕事に取りかかるにしろ、余計なことで邪魔されないように、あらかじめ入念な下準備をしておくことが大切だと言えます。

「自分のため」に頑張る

私たちが、一番大好きなのは、他ならぬ自分自身。

「いや、私は自分が好きではない」という人がいるかもしれませんが、たいていの人は、自分のことが世界で一番好きなはずです。

ですから、モチベーションを高めたいのであれば、**「他ならぬ自分自身のためだしな」と考える**とうまくいきますよ。


「会社のために頑張ろう!」

「お国のために、身を粉にしよう!」

そんなことはムリですよ(笑)。

私たちは打算的なところがありますから、自分に関係がなさそうなところでは、そんなに頑張れるわけではないのです。

「自分のためだ」と考えるから、絶対的にやる気が高まるのであって、「ほかの人のため」だと考えると、どうにも力が出せません。

自分の部屋を掃除するとか、自宅の庭の草むしりをするのなら、「まあ、しかたない」と考えてなんとかできなくもありませんが、「みんなが使う道路の側道の草むしりをしましょう」という奉仕活動に参加するのは、かなりの精神力を必要とします。

人間なら、だれだって、そうなのです。

「自分のため」に頑張ることは、悪いことでしょうか。

いえいえ、決して悪いことではありません。

米国メンフィス大学のエドワード・バショーは、16の会社で働くセールスマン１３００名にアンケートを配布し、５６０の有効回答を得ました。

そのデータを分析してみると、**「会社のために頑張る」人よりも、「自分のために頑張る」人のほうが、セールスマンとしての成績は非常によかった**のです。

具体的には、セールス能力が高く、お客との関係を構築する能力も高く、ライバル

「自分のため」と考える

社の商品知識もあり、計画やダンドリ力も高かったのです。

バショーによると、**人間は打算的な生きものですから、「自分の出世、昇給につながる」と思えばこそ、モチベーションは上がる**のだそうです。言われてみれば、たしかにそうですよね。

もちろん、自分のために頑張っていれば、結果として、会社の利益も上がるでしょうから、会社のためにもなるのです。ただ、最初から「会社のために」と思うとやる気が高まらないので、**まずは「自分のため」と思って仕事に取り組む**のです。

「会社のために」と思うと、なんだか仕事を〝やらされている〟ように感じて、自分が奴隷のように思えてきて、やる気がしぼんでしまいます。

その点、「自分のためにやっているんだ」と思えば、やる気も出ますよ。

ホンダの創業者本田宗一郎さんは、つねづね社員たちに向かっては、「会社のためじゃなく、自分のために働け」と激を飛ばしていたそうです（雨宮利春著、『なぜ、30歳で差がつくのか』、実務教育出版）。

さすがに名経営者は、そのほうがやる気が出ることをよく知っていたのではないでしょうか。

自分が遊ぶため、自分がいい自動車に乗るため、自分が豪邸に住むため、と思えば、苦労をしているなどと感じずに、楽しく仕事に精を出せますよ。

第6章

今すぐ何でもできる人になる！

だれかにホメてもらう

段ボール箱を、A地点からB地点まで延々と運びつづけて、積み上げてくださいと言われたら、みなさんはうんざりしませんか。

穴を掘って、次に、その穴を埋めて、という作業をずっとやらされたとしたら、どうでしょう。やはり、うんざりしないでしょうか。


ところがですよ。

同じ作業をするにしても、だれかほかの人から、「いやあ、キミは段ボール箱を積み上げるのがうまいなあ。見事に積み上げているじゃないか。素晴らしいよ!」とホメてもらえたとしたらどうでしょう。「あなたの掘る穴は、キレイだなあ。感心、感心!」とホメられたらどうでしょう。

少しは嬉しくなってきて、面倒だとか、つまらないというよりも、もっとホメられ

ホメられると作業が苦痛でなくなる
A地点
うんざり…
B地点
積み上げるのが上手いなあ！すばらしい！
ホメられる
モチベーションUP！
もっと上手く積もう

るように段ボールを積み上げようとしたり、穴を掘ろうという気持ちになるのではないでしょうか。

私たちは現金なもので、**何をしていても、だれかにホメられれば嬉しくなって、作業が苦痛でなくなる**のです。

ノースウエスタン大学のリサ・ウィリアムズは、いろいろな色の点で描かれたパソコンの画面を見せ、赤色のドットの数だけを数えさせるという、ものすごく退屈な作業をさせてみたことがあります。

ただし、半数には、「キミは、すごく動体視力の能力が高いね」などとホメてあげました。残りの半数には、ホメません。

作業が終了したところで、ウィリアムズは、参加者たちに少し待っていてもらったのですが、その間は同じ作業を自由にやってもいいし、やらなくてもいい、と伝えました。

するとホメられたグループでは、その退屈な作業を、自由時間だというのに1・5倍も長くつづけたのですよ。ホメられて嬉しくなったので、さらにやりたくなってしまったのですね。

皿洗いでも、トイレ掃除でも、勉強でも、何でもやるときには、だれかにホメてもらいましょう。

「私は、ホメられると伸びる人間なので、たっぷりホメてください」とお願いしておけば、相手も苦笑しながらも、ホメてくれますよ。嘘でもいいからホメてもらうのがポイントです。嘘でも何でも、ホメられれば嬉しいのです。

子どもは、「お絵かきが上手ねえ」と親からホメられれば、それこそ何時間でもお絵かきをつづけます。仕事でもそうで、**ホメ上司の下で働く部下は、嬉々として仕事に取り組むことができます。**

ホメられるのは、**人のモチベーションをアップさせる優れた方法**なのですから、ぜひホメてもらいましょう。

たいていの人は、照れてしまうのか、ホメてあげたいなと思っても、ホメずにすましてしまうことがよくあります。ですから、あらかじめ「私をホメてください」とお願いしておけば、相手もきちんとホメてくれるでしょう。

「絶対にイヤだ」という、悪魔のような人はめったにいるものではありませんから、安心してお願いしてみることです。

反省はしない

「またやってしまった……」

何かのミスをしたり、あるいは何もしないことで問題が起きてしまったとしても、それはもう過ぎたことですから、どうしようもありません。いつまでもクヨクヨとしていてもしかたありませんから、反省するのはやめましょう。

米国アイオワ州にあるグリネル大学のジェイソン・ドワールによると、否定的な感情をコントロールするのがヘタな人には、「よく反省する」という傾向があるそうなのですよ。こういう人は、否定的な感情をいつまでも引きずってしまいます。

反省をしたって、面倒くさいだけですよ。面倒なことは、しないに越したことはありません。

ただし、過ぎたことをクヨクヨと思い煩う必要はありませんが、**「将来的な改善計**

反省ではなく、改善のプランを立てる

仕事量が多いとダメみたいだ、次からは少し減らそう！

画」のほうは、きちんと考えなければなりませんよ。そちらは必要です。反省の必要はありませんが、改善のためのプランは立てておきましょう。

「どうも仕事量が多すぎると、自分には手に余ってしまうようだ。それなら来月からは依頼があっても、少し減らしてみよう」

「どうも私は手帳だとスケジュール管理ができないみたいだから、次からはカレンダーに大切なことを書きこんでおこう」

そういうことを考えるのはＯＫです。

これらは反省ではなく、あくまでも改善プランです。

もちろん、改善プランを立ててもうまくいかないことがあるかもしれませんが、そのときはそのとき

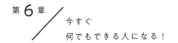

で、また違うプランを立てればいいだけの話です。

いろいろなやり方を試しているうちに、つまりは改善に改善を重ねていくうちに、自分にとっての「最適範囲」というものが、わかってくるものです。

私の場合、年間に20冊以上の単行本を執筆したことがあるのですが、2週間で1冊の本を執筆しようとすると、どうしても内容が薄くなってしまいますし、締切に追いまくられているような気がして、面倒くさくなってしまいそうだったので、今では年間に6冊だけ執筆しています。2か月に1冊のペース。これが私にとっての最適範囲でした。

人によって、どれくらいの仕事量が最適範囲なのかは個人差があると思いますが、気持ちよく仕事ができる範囲にしておきましょう。そのほうがミスを減らせます。

もちろん、プラン通りにうまくいかないこともありますが、そのときにも反省はいりません。反省は何も生み出しませんし、エネルギーの無駄遣いです。

特に、「自分は無能だ」とか「自分はダメな人間だ」というような、自分イジメのような反省は絶対にしないでください。そんなことをしていると、健全なエネルギーがどんどん失われてしまいますからね。

あまりに厳しいルールを自分に課さない

厳しいルールを自分に課してはダメです。厳しいルールを課すと、何事も継続がしにくくなってしまうからです。

心理学には、**「どうにでもなれ効果」**という、面白い名前の用語があります。トロント大学のジャネット・ポリヴィが最初に使った用語なのですが、**あまりに厳しいルールを自分に課すと、ほんの少しつまずいただけで、「もうどうにでもなれ」と、すべてのルールを投げ出してしまおうとする**のですよ。

たとえば、「10日で5キロのダイエットを成功させてやる！」という、非常に厳しいルールでダイエットを開始した人がいるとしましょう。

「どうにでもなれ効果」

最初の2日間は、何も口にしないで頑張ってはみたものの、やはり空腹は耐え難く、ピザを1切れ食べてしまったとします。

すると、どうなるかというと、この人はこの時点で、「もうダイエットなんかやったってムダだ」とすべてを投げ出してしまうのです。

禁煙している人もそうですね。ずっと、我慢に我慢を重ねていても、友達とお酒を飲んでいるとき、どうしても我慢できなくなって1本だけタバコを吸ってしまい、それを機にまた喫煙が復活してしまう、ということはよくあります。

こういう「**どうにでもなれ効果**」**を予防するには、そもそも厳しいルールなどを自分に課さ**

なければいいのですよ。

「ダイエットはするけど、週に1度は、好きなものを食べていい」
「日中は禁煙するけど、夜はタバコを吸ってもよし」
「普段はお酒を節制しても、友達と飲むときには、酒量にはこだわらなくてよし」
「ジョギングはするけど、雨の日はお休みしてもよし」

そうやって、**ものすごくルールをゆるやかに、甘やかしておくことが大切**です。
そうすれば、ルールを破ったという後ろめたさもありませんし、また同じチャレンジを継続することができます。

必死に我慢して、ちょっとだけルールを破ったときに、すべてを台なしにしてしまうよりは、ほんの少し余裕を持ったルールを設けたほうが、結局は、長つづきするのですよ。

たいていの人がいろいろなチャレンジを試みても、結局はうまくいかないのは、最初に設けるルールが厳しすぎるのです。それでは、うまくいきっこないのですよ。

お正月には、新年の誓いを立てる人もいると思うのですが、あまり大きな目標を立てないほうがいいですし、ルールも比較的ゆるくしておきましょう。つづかない目標など立てても、意味がありませんから。

よく「自分には厳しくせよ！」と言われますが、心理学的にはあまりいいやり方ではありません。**「少しは自分に甘くせよ！」**が現実的なアドバイスだと思います。

最悪の想定で動く

何かの計画を立てるときには、普通の計画のほかに、必ず「最悪の想定」についても考えておきましょう。

わざわざ2つも計画を考えるのは面倒くさいと思われるかもしれませんが、それならば「最悪の想定」だけを考えてください。普通の計画ではいけません。

なぜかというと、**普通の人が普通に計画を立てようとすると、たいていの場合には見込みが甘すぎて、その通りにいかないから**です。予算にしろ、人員にしろ、日数にしろ、すべての見込みが甘すぎて、現実にはその通りにいきません。

事業計画というのは、たいてい当初の予想とは大きく食い違います。最初は100億円でできるといわれた建物だって、気がついたら1000億円を超えていた、などということも珍しくはありません。

とにかく、私たちの立てる予想は、まったくアテにならないのです。

予想がズレてきたとき、いちいち、修正、修正、また修正をくり返すというのは、そちらのほうがよほど面倒くさいと思いませんか。

それならば、いっそのこと、最初から「最悪の想定」を立てて、それに沿って動いたほうがいいのです。そのほうが、より現実に近い形になります。


カナダにあるウィルフリッド・ローリエ大学のロジャー・ビューラーは、大学生たちに論文の課題を与えて、「あなたなら、どれくらいで仕上げられると思いますか?」と尋ねてみました。

すると学生たちは、平均して「33・9日で仕上げられる」と予想していました。

では、実際には何日で仕上げられたのでしょう。

33・9日が平均の予想だとすると、それよりもちょっと早く、たとえば30日くらいで仕上げることができたのでしょうか。

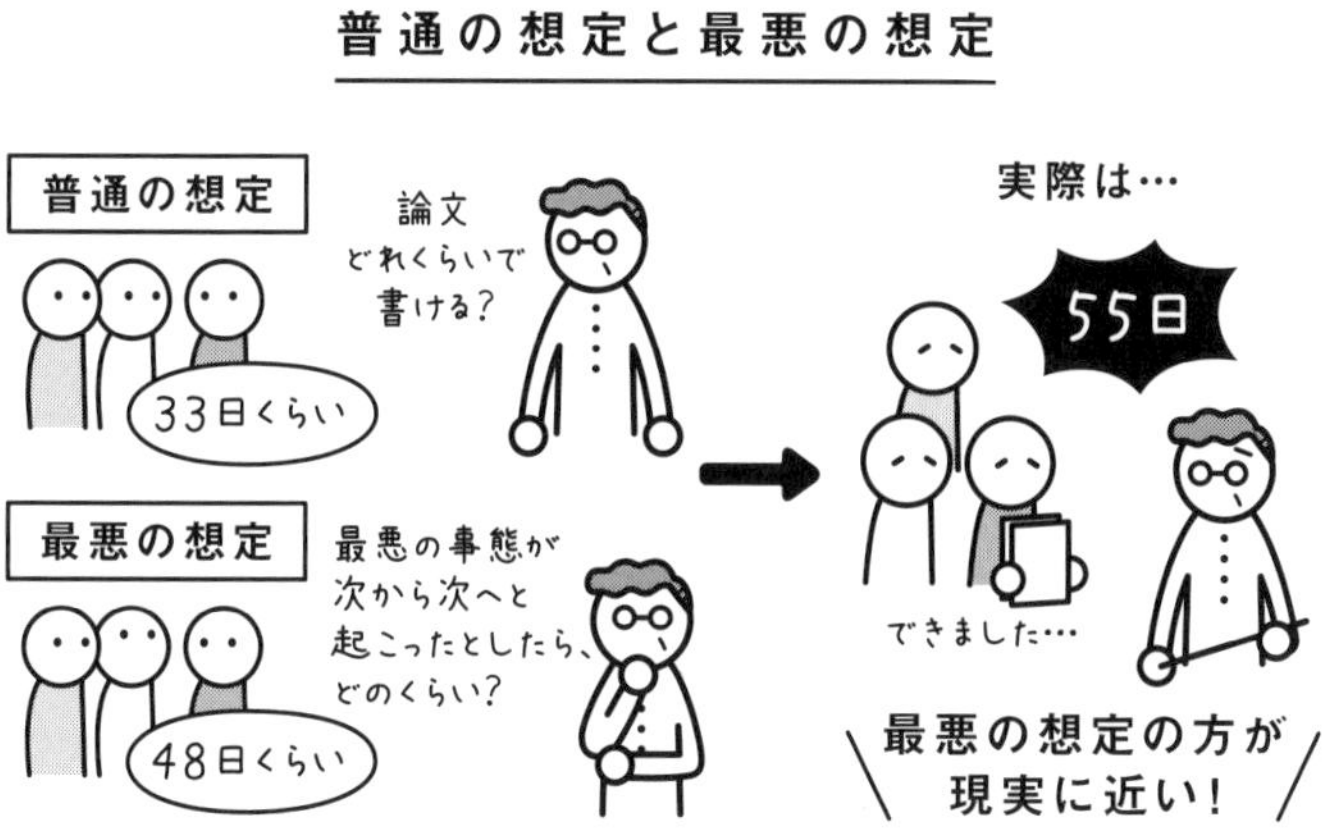

いえいえ、そうではありませんでした。

現実に、学生が論文を提出したのは、課題が出されてから、なんと平均55・5日後でした。

20日以上もオーバーしていたのですよ。人間の見込みは、いかにお粗末かがよくわかりますね。

なお、ビューラーは、「最悪の事態が、次から次に起こったとしたら、その場合には、どれくらいで仕上がるか？」とも質問していました。すると、学生たちは、それなら48・6日くらいだと予想していました。

現実には、課題の提出が平均して55・5日ですから、最悪の想定の48・6日でも、まだ少し甘い見込みをしていることになります。とはいえ、33・9日に比べれば、より現実的な日数を予測できたと言えるでしょう。

計画を立てるときには、最悪の想定をしておくといいですよ。現実には、そちらのほうがうまく予想できますから、自分の予想が外れてイライラすることもありませんし、心にも余裕が持てますからね。

人に会う約束をするときにも、仕事の予定を入れるときにも、電車が遅れたり、タクシーが見つからなかったりと、いろいろと最悪の想定をして、1時間くらい早く目的地に到着するような感じで行動したほうが、かえって面倒を避けることができます。

先延ばしするほうが、余計に面倒くさいことを知る

だれだって、やりたくないことはそのまま放っておきたくなるものです。それが自然な人間の心情でしょう。

ですが、ちょっと考えてみてください。放っておいても大丈夫ならいいのですが、たいていの作業でも、仕事でも、**放っておいたら、「余計に面倒くさいことになる」**ケースのほうが圧倒的に多いのではないでしょうか。

小学校の夏休みの宿題を例にとりましょう。

子どもにとって宿題などは苦痛以外の何物でもありませんから、たいてい放っておきます。けれども、夏休み最後になって、結局は泣きながら宿題をするのですよ。これって、逆に面倒くさくないですか。

私は、夏休みの課題は、夏休みの初日か、2日目には全部終わらせました。

「先延ばしするより早く片付けたほうがラク」と発想の転換をする

やりたくない…
でも…
発想の転換
さっさと
終わらせた方が
絶対にラク！

なぜかというと、そのほうが夏休みをまるまる遊べるからです。ようするに**発想の転換をして、「先延ばししたいなあ」というときには、「さっさと終わらせたほうが、絶対にラク！」と考えるようにすればいい**のです。

カナダにあるアルバータ大学のロバート・クラッセンは、カナダの大学生と、シンガポールの大学生１１４５名に、どれだけ課題を先延ばしするかを尋ねました。その一方で、さまざまな心理テストも受けてもらいました。ついでに、大学の成績（ＧＰＡ）も教えてもらいました。

その結果、もう見事なほどに、課題を先送りする学生ほど、自分に自信がなく、自己管理がヘタで、成績も悪い、という明確な結果が得られたのです。

ようするに、先延ばしする人ほど、ダメ人間が多かったのです。

掃除が面倒くさいからといって、溜めこんでいたら、どうなるでしょうか。余計に面倒になりませんか。その点、毎日、ちょっとでも掃除をするようにすると、年末に大掃除をする必要がありません。

仕事もそうで、**先延ばしするよりは、さっさと片づけてしまったほうが、精神的にもラク**です。それにまた、遅れたりすると、「遅れた理由を相手に説明しなければならない」という余計な手間まで抱え込むことになります。

物理学者でありながら、随筆家としても名の知られた寺田寅彦さんは、原稿の依頼があると、締切のずっと前にさっさと終わらせてしまい、それをずっと保管しておいたそうです。編集者から催促されると、ちょっと目を通して手渡していたそうですが、そういう仕事のやり方がベストですね。

面倒くさいことは、先にやってしまっておけば、後々の面倒がありません。イヤなことは先延ばしするのではなく、**〝イヤだからこそ、さっさと片づけてスッキリする〟**という発想の転換をしてみましょう。

才能がなくたって、成功できる

読者のみなさんは、どんな業界でもそうなのですが、成功するためには生まれつきの才能が大切だと思っているのではないでしょうか。

ところが、実際には、才能など関係ないのですよ。

面倒くさいことでも、毎日、コツコツと継続できることこそが、成功に結びつくのです。イヤなことでも、とりあえず続けていれば、そのうちにきっと成功する。そんな風に考えてイヤなことからも逃げないようにするのがポイントですね。

ペンシルバニア大学のアンジェラ・ダックワースは、米国で開催されるナショナル・スペリング・コンテストの出場資格を得た190人を調査したことがあります。

彼らは、すばらしい記憶の持ち主だったのでしょうか。それとも言語の能力が異様に高い人たちだったのでしょうか。

いえいえ、そうではありません。彼らに共通するのは、**「粘り強さ」**だったのです。粘り強くやることが大切なのです。

「俺は才能がないから、どうせやったってうまくいかない」

「私は生まれつきおバカさんだから、どうせ努力するだけムダ」

そんな風に考えると、どうしてもやる気になれませんよね。

ですが、**「粘り強くやっていれば、だれだって成功者になれる」**と思ったら、どうでしょう。少しはやる気も出てくるのではないでしょうか。

実際、どんな業界でも、**成功する人は、才能がある人ではなくて、努力する人**ですよ。そして、努力なら、やろうと思えばだれだってできるのです。

マルコム・グラッドウェルの『天才！成功する人々の法則』（講談社）という本を読んでいたら、「一万時間の法則」という法則が提唱されていました。

グラッドウェルはさまざまな分野（ゴルフ、チェス、バイオリン、学者など）の成功者について研究してみたところ、同じことを10年間、合計1万時間もやるのが成功の秘訣であることを発見しました。

天才というのは、才能がある人のことじゃないんですよ。**もし天才がいるとしたら、それは努力ができる天才**なのです。**能力があるとしたら、それは努力できる能力**なのです。

「なあんだ、才能なんてあまり関係ないんだ」と思えば、少しはやる気も出てくるでしょう。

毎日、ちょっとずつでも努力をつづけていけば、最終的にはかなりの高みまで到達できるのだと思って、ほくそ笑みながら努力を継続してください。

「どうせ成果が上がらない」と思うから、やる気になれないのです。努力は人を裏切りません。絶対にソンはしないのですから、とにかく努力を継続することをやめないようにしましょう。

仕事の呼び名を変えてみる

表現の枠組みを変えてみる、というのはやる気を引っ張り出すのに便利な方法です。たとえば、社員のモチベーションが下がっているようなときには、部署名やグループ名を変更してみるのはどうでしょうか。

やっている仕事は同じでも、表現の枠組みを変えると、「なんだかやる気が出てきたな」と感じることはよくあることなのです。

フェイスブックのランディ・ザッカーバーグは、ある部署名を「コンシューマー・マーケティング」から「クリエイティブ・マーケティングに変えたところ、メンバーたちがどんどんアイデアを出すようになったと言います（ティナ・シーリグ著、『未来を発明するためにいまできること』阪急コミュニケーションズ）。

同じ仕事をさせられているのに、「コンシューマー・マーケティング」ではやる気が出ませんでした。

ところが、部署の名前が「クリエイティブ・マーケティング」に変わったとたん、メンバーの意識も変わったのですよ。「私たちはクリエイティブなのだから、それに見合った質の高い仕事をしなければ」と。

他にも事例はあります。

ディズニーで働くスタッフたちは、みな嬉々として仕事に励んでいます。

まさに、ディズニー・マジックです。なぜ、彼らは、そんなに一生懸命に仕事ができるのでしょうか。

それは、普通の会社で使っているような表現を使わずに、ディズニー独自の用語を使っているからに他なりません。

たとえば、ディズニー用語では、訪れる人を「お客さま」や「消費者」ではなく、「ゲスト」と呼びます。

だからなんだと思われるかもしれませんが、「消費者が満足していない」と言うのと、「ゲストが満足していない」と言うのでは、スタッフが受けるイメージは全然違ってきますよね。ゲストはもてなすべき相手であり、その人を幸せにしたいと感じるのではないでしょうか。

ディズニーのスタッフにとって、仕事は「仕事」ではなくて、「ショー」です。掃除をする人でさえ、自分はショーを演じているのだ、という意識を持っています。だから、掃除をすることも楽しいのですよ。

やる気が出ないときには、とにかく「仕事」という呼び名を変えて、やる気が出るような名前を自分で勝手に作ってください。

表現の枠組みを変えたとたん、あら不思議、やる気がどんどん出てくるなんてことはよくありますから。

できるだけポジティブな意味の表現がいいですね。そのほうがモチベーションも高まるはずです。

ミネソタ大学のアレクサンダー・ロスマンは、「あなたは600人中400人が死ぬ手術を受けたいですか?」と聞くと、たいていの人は「ノー」と答えるのに、「あなたは600人中200人が助かる手術を受けたいですか?」と聞くと、今度は「イエス」と答えるという報告をしています。

同じことを表現するにしても、ちょっとした違いで、私たちのモチベーションは大きな影響を受けてしまうのです。

悪いニュースほど、さっさと報告してしまう

悪いニュースを上司に報告するのは、だれにとってもイヤなものです。

上司から怒鳴られることは火を見るよりも明らかですし、たとえ自分にはあまり責任がなくとも、それでも八つ当たりされることもあるので、報告したくないのはよくわかります。

お客さまに悪いニュースを報告しなければいけないのも、気が重いものです。できれば、報告なんてせずにすませたいですよね。

けれども、悪いニュースは、どうせいつまでも隠しきれるわけではないのですから、さっさと報告してしまいましょう。

悪いニュースを隠しておくとどうなるかというと、〝かえって面倒くさいことになる〟ことのほうが多いのです。「隠していた」ということが、相手の怒りを増幅させてしまうのですね。

悪いニュースの報告

悪いニュース
言いたくないなあ…
すぐ報告
隠しておく
怒りが増幅
報告が遅い！
最小限の被害におさえられる
面倒が起きるリスクが高まる

その点、悪いニュースであっても、できるだけ早く報告すれば、少なくともその点に関してだけは好意的に評価してもらえるはずです。もちろん、怒られることは怒られるのですが、被害を最小限にできるのです。

「悪いことは、さっさと公表してしまう」このルールをきちんと実践してください。

２００１年にミシガン大学病院は、医療ミス公表プロジェクトを立ち上げました。それまでは医療ミスがあっても基本的に公表していなかったのですが、医療ミスを正直に認めて、ミスの原因を患者

に説明し、補償を申し出るようにしたのです。

このプロジェクトがどれくらい効果的だったのかを調べたアレン・カチャリアによると、プロジェクト開始前の6年間に比べて医療事故を巡る訴訟が半分に減りました。それまで平均39件だったのが、17件になったのです。患者から訴訟を起こされにくくなったのです。また、和解に至るまでの期間も30％短くなりました（1・36年から0・95年に減少）。

悪いニュースでも、早く患者に伝えたほうが、かえって病院側としてはトクをするのです。面倒な訴訟に巻き込まれずにすむからです。

ビジネスでもそうですよ。悪いことはなるべく最後まで隠しておきたいと思うのが人情ですが、それはあまりいい作戦ではありません。かえって別の面倒を招いてしまうでしょう。「あっ、やばいぞ!!」というときには、すぐに報告です。

報告が遅れれば遅れるほど、面倒が起きるリスクはどんどん高まってしまいますからね。自分でなんとかしようとするのもいいのですが、まずは上司に報告しておいたほうがいいでしょう。そのほうが後々の災いを避けることができますから。

晴れた日は、目一杯頑張るチャンス

私たちの心理状態は、その日の天気によって影響を受けます。

「どうも調子が出ないな……」というときは、自分のせいではありません。天気によって、やる気が出ない日なのだと思ったほうがいいでしょう。そうやって割り切ったほうが、いちいち自分を責めたりしないですみます。

ロボットのように、毎日決まった量の仕事を測ったようにつづけるのはムリですよ。ものすごく仕事が進むときもあれば、やる気が出なくていつもの半分くらいしか仕事ができないときもあります。人間であれば、それは当たり前だと割り切ってください。

さて、天気で言うと、「晴れ」の日には、だれでもテンションが上がります。気分がウキウキしますし、面倒な仕事もホイホイと片づけることができるでしょう。

南ブルターニュ大学のニコラス・ゲーゲンは、4名ずつの男女アシスタントに、歩道で手袋を落とさせる、という実験をしたことがありました。

後ろから少し離れてやってくる歩行者が、その手袋を拾ってくれるかどうかを測定するという実験です。

ゲーゲンは、天気を変えて実験を行いました。晴れた日と、曇りの日で、歩行者が手袋を拾ってくれる割合が違ってくるのではないかと仮説を立てたのです。

調べてみると、まさにその通りでした。晴れた日にさりげなく手袋を落とすと65・3%の人が拾ってくれたのに、曇りの日には53・3%しか拾ってくれなかったのです。

晴れた日には、人は面倒くさいこともやってくれるのですね。

私たちは、植物と同じでお日さまが大好きです。

ですから、よく晴れた日には、自然と気分が高揚します。

つまりは、仕事に絶好の日だと言えるわけです。曇りや雨の日には、いまいちテンションが上がりませんが、晴れた日は別です。こういうときに、やれる仕事はどんどんやってしまいましょう。そうやって晴れた日に「貯金」しておけば、曇りの日にテンションが上がらずに仕事ができなくとも、貯金で何とか帳尻を合わせることができますよ。

天気の話が出たので、ついでに季節についても話すと、「春から夏にかけて」が、一番仕事の生産性が高くなるようです。

イタリアのナポリ第二大学のジウセッペ・バルバートが、イタリアの33名の著名な作家について、その生産性と季節について調べてみると、もっとも執筆がはかどり、作品を仕上げることが多いのは、「春から夏にかけて」だったのです。

自分では気づかないかもしれませんが、私たちは季節的な要因にも、大きな影響を受けていると言えるでしょう。

頑張るのなら、断然、晴れの日。そして、季節で言うと、気持ちのいい春から初夏くらいまでが一番ノリにのって仕事ができます。そんなことも覚えておくと、身体が条件づけられて、「晴れている」というだけで、気分が高揚してくるかもしれません。

難しい仕事は後回し

午前中に仕事をはじめるときには、できればポンポンと簡単に片づけられるものからスタートしましょう。

なぜなら、**スムーズに仕事をこなしていると、テンポが生まれ、自分に勢いをつけることができるから**です。十分に勢いがついてきたところで、困難な仕事に取り組めばいいのです。

この順番を逆にして、一日の最初に困難な仕事に取り組むとどうなるでしょうか。まったく仕事が終わらず、時間だけが過ぎていくように感じて、心理的な焦りも生まれます。自分がやるべき100ある仕事のうち、まだ5とか10しか終わっていないとなれば、「どうしよう?・」と焦るのも当然です。

とにかく自分に勢いをつけるためにも、最初は簡単な仕事をポンポンポンと片づけていくといいでしょう。

ドイツにあるマックス・プランク研究所のスワンジェ・ディットマーズは、約３５００名の中学生を対象に、宿題のやる気について調べてみたことがありますが、「難しすぎると、まったくやる気が失せる」ということがわかりました。

ホイホイと片づけられる宿題ならまだしもやる気にはなりますが、難しい宿題はどうにもやる気が出てこないようなのです。これは中学生だけではなく、大人もそうでしょう。難しい仕事は、どうにも面倒くさくて、やる気になれません。

ですから、そういう手間がかかる仕事、難しい仕事、時間がかかりそうな仕事は、少しだけ後回しにして、まずは簡単な仕事をスピーディに片づけていくことがポイントです。気分が十分にのってきたと思ったら、そこで勢いをつけて難しい仕事もこなしてしまうのです。

自転車で坂道を登ろうとするとき、少し手前から全力で助走をつければ、坂道もやすやすと登れますよね。

仕事もそうで、**難しい仕事に取り組む前には、他の簡単な仕事をこなすことで、十**

簡単な仕事から片付け、勢いをつける

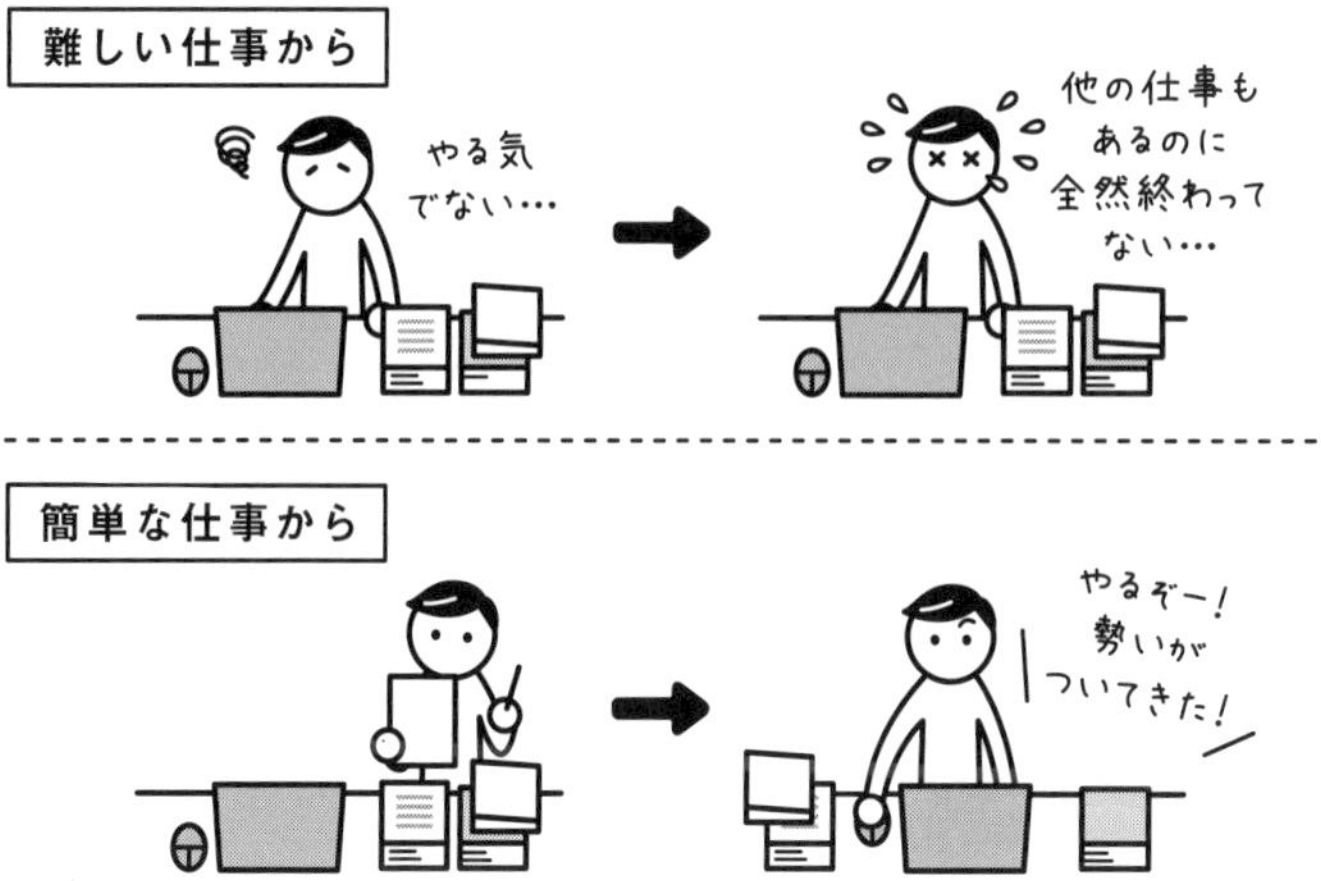
難しい仕事から
やる気
でない…
他の仕事も
あるのに
全然終わって
ない…
簡単な仕事から
やるぞー！
勢いが
ついてきた！

分な助走をつけることが大切なのです。そうするためには、仕事のダンドリを見直して、なるべく午前中にはテンポよくこなせる仕事、午後にはちょっと手間のかかる仕事、というようなタイムテーブルで仕事をするのがいいかもしれません。

さらに、すでに述べたように、あまりにも手に余りそうな難しい仕事は、まず細かく分割して、小さな仕事にしてしまうのも1つの手です。難しいからやる気が出ないのであって、易しくしてしまえば、やる気のほうも出てきますからね。

ええかっこしいになる

「ええかっこしい」という言葉があります。人前で格好よく見せたがったり、見栄を張ったりするという意味です。

「ええかっこしい」という言葉は、通常、あまりいい意味では使われません。

しかし、考えてみると、**自分のいいところをアピールしたいと思うからこそ、モチベーションは高まる**のではないでしょうか。特に、男性は、女性が見ているとなれば、いやがうえにもモチベーションは上がるものです。

ある男子校の高校生のお話です。

その高校では、マラソン大会が近くなると体育の時間中に学校の外を出て何キロも走るのです。とはいえ、先生がずっと見ているわけでもありませんから、みんな適当にダラダラ歩いています。

ところが、ある場所が近くなると、みんな必死に走り出すのですよ。不思議なのですが、みんな本気になるのです。

それはどこなのかというと、女子高の前（笑）。その前を通過するときだけ、ちゃんと走るのですね。

フロリダ州立大学のサラ・エインスワースによると、男性は、進化論的に、女性が目の前にいたり、女性のことを考えたりすると、俄然やる気が湧いてくるらしいですよ。男性は、自分の遺伝子を残すためには、競争的にならなければならないので、女性がいるところではそういう気持ちが高まるのだそうです。

エインスワースによると、これは男性にだけ見られる現象で、女性は、男性のことを考えても、やる気が高まったり、競争的になったりはしないようです。

だとしたら、少なくとも男性にとっては、職場の女性に自分の格好いいところをアピールする、ええかっこしいになるのは悪いことではありません。

「自分を格好よく見せたい！」というのは、男性にとって強烈なモチベーションになることは言うまでもありません。

「俺みたいなブサイクな男は、せめて仕事くらいできるようにならないと、女性に相手にしてもらえないぞ」と思い込むのも、決して悪いことではないですね。そう思い込めば、仕事の手など抜きたいとも思わなくなるでしょうから。

ええかっこしいになるのは、恥ずかしいことでも何でもなく、自分のモチベーションアップの作戦にも使えるのです。

他人からの評価を気にしない

ええかっこしいになるのとは、まったく逆のことですが、**「他人にどう思われようが気にしない」**という方法も、やる気を出すのに有効です。

まったく正反対のことをしてやる気になってしまうのが、人間の心の不可思議なところです。

自分が他人にどう評価されるのかを不安に感じていると、自然体のパフォーマンスができなくなってしまうことがあります。評価の不安を感じすぎていると、思ったとおりの行動ができなくなるのです。

評価の不安を強く感じてしまう人は、「他人にどう評価されようが、自分の知ったことではない」と割り切ってしまったほうが、やる気が出るでしょう。

他人にどう思われるかを気にしない

どう
思われているか
気になる…
自然体の
パフォーマンスができない
どう
思われようが
気にしない！
やる気が出る！
健康な精神

私の場合で言いますと、大学で行われる「学生からの授業評価」。私が大学生だった時代にはなかったのですが、今の大学では、学生が講義担当者を評価します。学生から先生に出す通信簿みたいなものですね。

それはまあいいのですが、その通信簿の評価が、いやあ、厳しい、厳しい。匿名評価なので、学生は言いたい放題です。

ペンシルバニア大学のスコット・アームストロングによりますと、学生のためを思って、たくさんの課題を出したり、厳しい講義をしたりすると、逆に学生からの評価は悪くなってしまうのだそうです。

宿題や課題など出さずに、適当にやっている先生のほうが学生からの評価は高くなるのですから、皮肉なものです。

頑張れば頑張るほど学生からの評価が悪くなるのだとしたら、これは先生のやる気が失せますよ。新しい試みをしようという意欲もそがれます。

つまり、学生からの授業評価は、まったく役に立っていない、というのがアームストロングの結論です。

部下が上司を評価するというやり方を、「360度評価」と言います。

上司だけが一方的に部下を評価するのはフェアではない、という考え方で、部下のほうからも上司に点数をつけさせるようにしたのですね。

しかし、この制度を導入した三菱自動車では、2002年に導入したものの、わずか一年でやめてしまいました。

部下からの評価を気にして、部下に迎合する上司が続出してしまったためです。

部下からの評価を気にして、ビクビクしていたら、上司として厳しい態度でのぞむことができません。

「こんなものは役に立たない」と見切って、一年で廃止したのはいいことだと思います。

もちろん、部下だって、上司からの評価がイヤなのであれば、「もう評価なんてどうでもいい」と割り切ってもいいでしょう。

勤務評定は悪くなるかもしれませんが、つまらないことに思い煩うことに比べれば、精神的な健康度ははるかに高くなりますし、毎日の仕事も楽しくできるでしょう。

おわりに

いかがでしたでしょうか。

面倒くさいことも、何とかやれるような気持ちになれましたでしょうか。

読者のみなさんが、毎日、辛いな、イヤだな、と感じていることが、少しでもラクにできるように本書を執筆してまいりました。ほんのわずかでも私がそのお手伝いができたとしたら、著者としてこれほど嬉しいことはありません。

心理学という学問は、人を幸せにすることが一番の目的の科学です。これほど私たちの日常生活に関連している学問は、他にないのではないかと思っています。私は心理学が好きで、もう何十年も、心理学の楽しさや素晴らしさを訴えてまいりました。本書をきっかけに、心理学に興味を持っていただけたとしたら、それも私にとって嬉しい歓びです。

「面倒くさいことは、どんなやり方をしたって面倒くさい」

ほとんどの人は、そんな風に考えていたのではないかと思います。

しかし、そうではないことが本書を読み終えたみなさんには、よくおわかりになったのではないでしょうか。

ほんのちょっとしたコツを知っているかどうかで、面倒くさい気持ちなど格段に減らせる、あるいはゼロにできる、あるいはもっと言えば「楽しくなる」ことさえあるのです。そういう〝心理マジック〟をたくさんご紹介してきましたから、「まったく何の役にも立たなかった、ガッカリ……」と感じる人は、おそらくいなかったのではないかと思います。

さて、本書の執筆にあたっては明日香出版社編集部の田中裕也さんにお世話になりました。この場を借りてお礼を申し上げます。

単行本を作るときには、当然、社内で企画が通らなければなりません。

社内決裁が通らなければ、本書が日の目を見ることもなかったでしょう。最近は、どの出版社も企画を通すのが大変に難しくなっていて、田中さんもいろいろと面倒な思いをしながら、あらゆる知恵と工夫を試みながら、本書の企画の決裁をとってきていただきました。

私は、まったく何もしておりません（笑）。ただ田中さんが企画の決裁をとってくれるのを、「頑張ってね〜」と時折メールしながら待っていただけです。面倒くさがり屋の私にとっては、とてもありがたいことでした。

田中さんとは、前作『図解　身近にあふれる「心理学」が3時間でわかる本』を作らせていただいたときからの縁ですが、そのときから、構成を考えていただいたり、目次案を作っていただいたりと、八面六臂のお手伝いをしていただきました。

面倒なことを何でもやってくれる編集者のおかげで、私はラクができたと思います（笑）。本当にありがたいですね。

読者のみなさまにもお礼を申し上げます。

最後の最後までお付き合いくださり、本当にありがとうございました。

またどこかでお目にかかれることを祈念しながら筆をおきます。

内藤誼人

参考文献

- Ainsworth, S. E., & Maner, J. K. 2014 Assailing the competition: Sexual selection, proximate mating motives, and aggressive behavior in men. Personality and Social Psychology Bulletin, 40, 1648-1658.
- Anderson, R., Hanrahan, S. J., & Mallett, C. J. 2014 Investigating the optimal psychological state for peak performance in Australian elite athletes. Journal of Applied Sport Psychology, 26, 318-333.
- Armstrong, J. S. 1998 Are student ratings of instruction useful? American Psychologist, 53, 1223-1224.
- Bandura, A., & Schunk, D. H. 1981 Cultivating competence, self-efficacy, and intrinsic interest through proximal self-motivation. Journal of Personality and Social Psychology, 41, 586-598.
- Barbato, G., Piemontese, S., & Pastorello, G. 2007 Seasonal changes in mood and creative activity among eminent Italian writers. Psychological Reports, 101, 771-777.
- Barling, J., Kelloway, E. K., & Cheung, D. 1996 Time management and achievement striving interact to predict can sales performance. Journal of Applied Psychology, 81, 821-826.

- Bashaw, R. E., & Grant, E. S. 1994 Exploring the distinctive nature of work commitments: Their relationships with personal characteristics, job performance, and propensity to leave. Journal of Personal Selling & Sales Management, 14, 41-56.
- Becker, C., & Stoll, O. 2007 Perfectionism and competitive anxiety in athletes: Differentiating striving for perfection and negative reactions to imperfection. Personality and Individual Differences, 42, 959-969.
- Bembenutty, H. 2009 Academic delay of gratification, self-efficacy, and time management among academically unprepared college students. Psychological Reports, 104, 613-623.
- Bluedorn, A. C., Turban, D. B., & Love, M. S. 1999 The effect of stand-up and sit-down meeting formats on meeting outcomes. Journal of Applied Psychology, 84, 277-285.
- Buehler, R., Griffin, D., & Ross, M. 1994 Exploring the "Planning Fallacy": Why people underestimate their task completion times. Journal of Personality and Social Psychology, 67, 366-381.
- Bushman, B. J. 2002 Does venting anger feed or extinguish the flame? Catharsis, rumination, distraction, anger, and aggressive responding. Personality and Social Psychology Bulletin, 28, 724-731.

- Cantarero, K., & van Tilburg, W. A. P. 2014 Too tired to taint the truth: Ego-depletion reduces other-benefiting dishonesty. European Journal of Social Psychology, 44, 743-747.
- Carton, A. M., & Aiello, J. R. 2009 Control and anticipation of social interruptions: Reduced stress and improved task performance. Journal of Applied Social Psychology, 39, 169-185.
- Chernev, A. 2003 When more is less and less is more: The role of ideal point availability and assortment in consumer choice. Journal of Consumer Research, 30, 170-183.
- Cioffi, D., & Holloway, J. 1993 Delayed costs of suppressed pain. Journal of Personality and Social Psychology, 64, 274-282.
- Coyne, J. C. 1976 Depression and the response of others. Journal of Abnormal Psychology, 85, 186-193.
- Croft, G. P., & Walker, A. E. 2001 Are the Monday Blues all in the mind? The role of expectancy in the subjective experience of mood. Journal of Applied Social Psychology, 31, 1133-1145.
- Dettmers, S., Trautwein, U., Ludtke, O., Kunter, M., & Baumert, J. 2010 Homework works if homework quality is high: Using multilevel modeling to predict the development of achievement in mathematics. Journal of Educational-

Psychology, 102, 467-482.

- Donovan, J. J., & Radosevich, D. J. 1999 A meta-analytic review of the distribution of practice effect: Now you see it, now you don't. Journal of Applied Psychology, 84, 795-805.
- Duckworth, A. L., Peterson, C., Matthews, M. D., & Kelly, D. R. 2007 Grit: Perseverance and passion for long-term goals. Journal of Personality and Social Psychology, 92, 1087-1101.
- Drwal, J. 2008 The relationship of negative mood regulation expectancies with rumination and distraction. Psychological Reports, 102, 709-717.
- Elliot, A., Kayser, D. N., Greitemeyer, T., Lichtenfeld, S., Gramzow, R. H., Maier, M. A., & Liu, H. 2010 Red, rank, and romance in women viewing men. Journal of Experimental Psychology: General, 139, 399-417.
- Giebels, E., DeDreu, C. K. W., & Van de Vlert, E. 2000 Interdependence in negotiation: Effects of exit options and social motives on distributive and integrative negotiation. European Journal of Social Psychology, 30, 255-272.
- Gray, S. W. 1990 Effect of visuomotor rehearsal with videotaped modeling on racquetball performance of beginning players. Perceptual and Motor Skills, 70, 379-385.

- Gueguen, N., & Lamy, L. 2013 Weather and helping: Additional evidence of the effect of the Sunshine Samaritan. Journal of Social Psychology, 153, 123-126.
- Hawk, S. T., Fischer, A. H., & Van Kleef, G. A. 2012 Face the noise: Embodied responses to nonverbal vocalizations of discrete emotions. Journal of Personality and Social Psychology, 102, 796-814.
- Huffmeier, J., Krumm, S., Kanthak, J., & Hertel, G. 2012 "Don't let the group down": Facets of instrumentality moderate the motivating effects of groups in a field experiment. European Journal of Social Psychology, 42, 533-538.
- Kachalia, A., Kaufman, S. R., Boothman, R., Anderson, S., Welch, K., Saint, S., & Rogers, M. A. M. 2010 Liability claims and costs before and after implementation of a medical error disclosure program. Annals of Internal Medicine, 153, 213-221.
- Kaspar, K., & Krull, J. 2013 Incidental haptic stimulation in the context of flirt behavior. Journal of Nonverbal Behavior, 37, 165-173.
- Killgore, W. D.S., Killgore, D. B., Ganesan, G., Krugler, A. L., & Kamimori, C. H. 2006 Trait-anger enhances effects of caffeine on psychomotor vigilance performance. Perceptual and Motor Skills, 103, 883-886.

- Klassen, R. M., Ang, R. P., Chong, W. H., Krawchuk, L. L., Huan, V. S., Wong, I. Y. F., & Yeo, L. S. 2010 Academic procrastination in two settings: Motivation correlates, behavioral patterns, and negative impact of procrastination in Canada and Singapore. Applied Psychology: An international review, 59, 361-379.
- Konig, C. J., & Kleinmann, M. 2005 Deadline rush: A time management phenomenon and its mathematical description. Journal of Psychology, 139, 33-45.
- Kudo, K., Park, H., Kay, B. A., & Turvey, M. 2006 Environmental coupling modulates the attractors of rhythmic coordination. Journal of Experimental Psychology: Human Perception and Performance, 32, 599-609.
- Labroo, A. A., & Nielsen, J. H. 2010 Half the thrill is in the chase: Twisted inferences from embodied cognitions and brand evaluation. Journal of Consumer Research, 37, 143-158.
- Lally, P., van Jaarsveld, C. H. M., Potts, H. W. W., & Wardle, J. 2010 How are habits formed: Modeling habit formation in the real world. European Journal of Social Psychology, 40, 998-1009.
- Martin, S. J., Bassi, S., & Dumbar-Rees, R. 2012 Commitments, norms and custard creams – A social influence approach to reducing did not attends DNAs. Journal of Royal Society of Medicine, 105, 101-104.

- Muraven, M., Tice, D. M., & Baumeister, R. F. 1998 Self-control as limited resource: Regulatory depletion patterns. Journal of Personality and Social Psychology, 74, 774-789.
- Nah, F. F. H. 2004 A study on tolerable waiting time: How long are web users willing to wait? Behaviour and Information Technology, 23, 153-163.
- Orpen, C. 1994 The effect of time-management training on employee attitudes and behavior: A field experiment. Journal of Psychology, 128, 393-396.
- Oppenheimer, D. M. 2006 Consequences of erudite vernacular utilized irrespective of necessity: Problems with using long words needlessly. Applied Cognitive Psychology, 20, 139-156.
- Pekrun, R., Goetz, T., Daniels, L. M., Stupnisky, R. H., & Perry, R. P. 2010 Boredom in achievement settings: Exploring contro.-value antecedents and performance outcomes of a neglected emotion. Journal of Educational Psychology, 102, 531-549.
- Polivy, J., & Herman, C. P. 2000 The false-hope syndrome: Unfulfilled expectations of self-change. Current Directions in Psychological Science, 9, 128-131.

- Polivy, J., & Herman, C. P. 2002 If at first you don't succeed: False hopes of self-change. American Psychologist, 57, 677-689.
- Proffitt, D., & Clore, G. 2006 Embodied perception and the economy of action. Perspectives on Psychological Science, 1, 110-122.
- Rahimi, E. 2008 Survey of organizational job stress among physical education managers. Psychological Reports, 102, 79-82.
- Rolfe, A. 2008 'You've got to grow up when you've got a kid': Marginalized young women's accounts of motherhood. Journal of Community & Applied Social Psychology, 18, 299-314.
- Rothman, A. J., & Salovey, P. 1997 Shaping perceptions to motivate health behavior: The role of message framing. Psychological Bulletin, 121, 3-19.
- Rothstein, H. G. 1986 The effects of time pressure on judgment in multiple cue probability learning. Organizational Behavior and Human Decision Processes, 37, 83-92.
- Ryder, D. 1999 Deciding to change: Enhancing client motivation to change behavior. Behavior Change, 16, 165-174.

- Scheibehenne, B., Greifeneder, R., & Todd, P. M. 2010 Can there ever be too many options? A meta-analytic review of choice overload. Journal of Consumer Research, 37, 409-425.
- Schubert, T. W., & Koole, S. L. 2009 The embodied self: Making a fist enhances men's power-related self-conceptions. Journal of Experimental Social Psychology, 45, 828-834.
- Schwartz, B., Ward, A., Monterosso, J., Lyubomirsky, S., White, K., & Lehman, D. R. 2002 Maximizing versus satisficing: Happiness is a matter of choice. Journal of Personality and Social Psychology, 83, 1178-1197.
- Segrin, C., & Nabi, R. L. 2002 Does television viewing cultivate unrealistic expectations about marriage? Journal of Communication, 52, 247-263.
- Shaulov, N., & Lufi, D. 2009 Music and light during indoor cycling. Perceptual and Motor Skills, 2009, 108, 597-607.
- Sias, P. M., Gallagher, E. B., Kopaneva, I., & Pedersen, H. 2012 Maintaining workplace friendships: Perceived politeness and predictors of maintenance tactic choice. Communication Research, 39, 239-268.
- Starek, J. E., & Keating, C. F. 1991 Self-deception and its relationship to success in competition. Basic and Applied Social Psychology, 12, 145-155.

- Tamir, M., Robinson, M. D., Clore, G. L., Martin, L. L., & Whitaker, D. J. 2004 Are we puppets on a string? The contextual meaning of unconscious expressive cues. Personality and Social Psychology Bulletin, 30, 237-249.
- Tibana, R. A., Vieira, D. C. L., Tajra, V., Bottaro, M., de Salles, B. F., Willardson, J. M., & Prestes, J. 2013 Effects of rest interval length on Smith machine bench press performance and perceived exertion in trained men. Perceptual and Motor Skills, 117, 682-695.
- Timmermans, D., & Vlek, C. H. 1992 Multi-attribute decision support and complexity: An evaluation and process analysis of aided versus unaided decision making. Acta Psychologica, 80, 49-65.
- Uysal, R., Satici, S. A., & Akin, A. 2013 Mediating effect of facebook addiction on the relationship between subjective vitality and subjective happiness. Psychological Reports, 113, 948-953.
- Watts, B. L., 1982 Individual differences in circadian activity rhythms and their effects on roommate relationships. Journal of Personality, 50, 374-384.
- Webb, T. L., Miles, E., & Sheeran, P. 2012 Dealing with feeling: A meta-analysis of the effectiveness of strategies derived from the process model of emotion regulation. Psychological Bulletin, 138, 775-808.

- Wexley, K. N., & Baldwin, T. T. 1986 Post-training strategies for facilitating positive transfer: An empirical exploration. Academy of Management Journal, 29, 503-520.
- Williams, L. A., & Desteno, D. 2008 Pride and perseverance: The motivational role of pride. Journal of Personality and Social Psychology, 94, 1007-1017.
- Wiltermuth, S. S., & Gino, F. 2013 "I'll have one of each": How separating rewards into (meaningless) categories increases motivation. Journal of Personality and Social Psychology, 104, 1-13.

■著者略歴

内藤誼人（ないとう・よしひと）

心理学者
立正大学客員教授
アンギルド代表取締役

慶應義塾大学社会学研究科博士課程修了。
社会心理学の知見をベースに、ビジネスを中心とした実践的分野への応用に力を注ぐ心理学系アクティビスト。
主な著書に、『世界最先端の研究が教える すごい心理学』（総合法令出版）、『いちいち気にしない心が手に入る本』（三笠書房）、『「人たらし」のブラック交渉術』『ビビらない技法』（以上、大和書房）、『図解　身近にあふれる「心理学」が3時間でわかる本』『図解　身近にあふれる「男と女の心理学」が3時間でわかる本』（以上、明日香出版社）などがある。

本書の内容に関するお問い合わせは弊社HPからお願いいたします。

面倒《めんどう》くさがりの自分《じぶん》がおもしろいほどやる気《き》になる本《ほん》

2020年　11月　28日　初版発行
2020年　12月　21日　第6刷発行

著　者　内《ない》藤《とう》誼《よし》人《ひと》
発行者　石　野　栄　一

明日香出版社

〒112-0005 東京都文京区水道 2-11-5
電話 (03) 5395-7650（代 表）
(03) 5395-7654（FAX）
郵便振替 00150-6-183481
https://www.asuka-g.co.jp

■スタッフ■　BP事業部　久松圭祐／藤田知子／藤本さやか／田中裕也／朝倉優梨奈／竹中初音
BS事業部　渡辺久夫／奥本達哉／横尾一樹／関山美保子

印刷　美研プリンティング株式会社
製本　根本製本株式会社
ISBN 978-4-7569-2117-8 C0036

編集担当　朝倉優梨奈

ISBN　978-4-7569-1975-5

図解 身近にあふれる「心理学」が
3時間でわかる本

内藤 誼人著

B6並製　208ページ
本体価格　1,400円＋税

職場や街中、買い物や人づきあいなど、私たちの何げない日常には「心理学」で説明できることがたくさんあります。本書では、約60の身近な事例を取り上げ、図やイラストを交えながら説明します。

楽しみながら心理学を学べる、雑学教養書です。

ISBN 978-4-7569-2007-2

図解 身近にあふれる「男と女の心理学」が3時間でわかる本

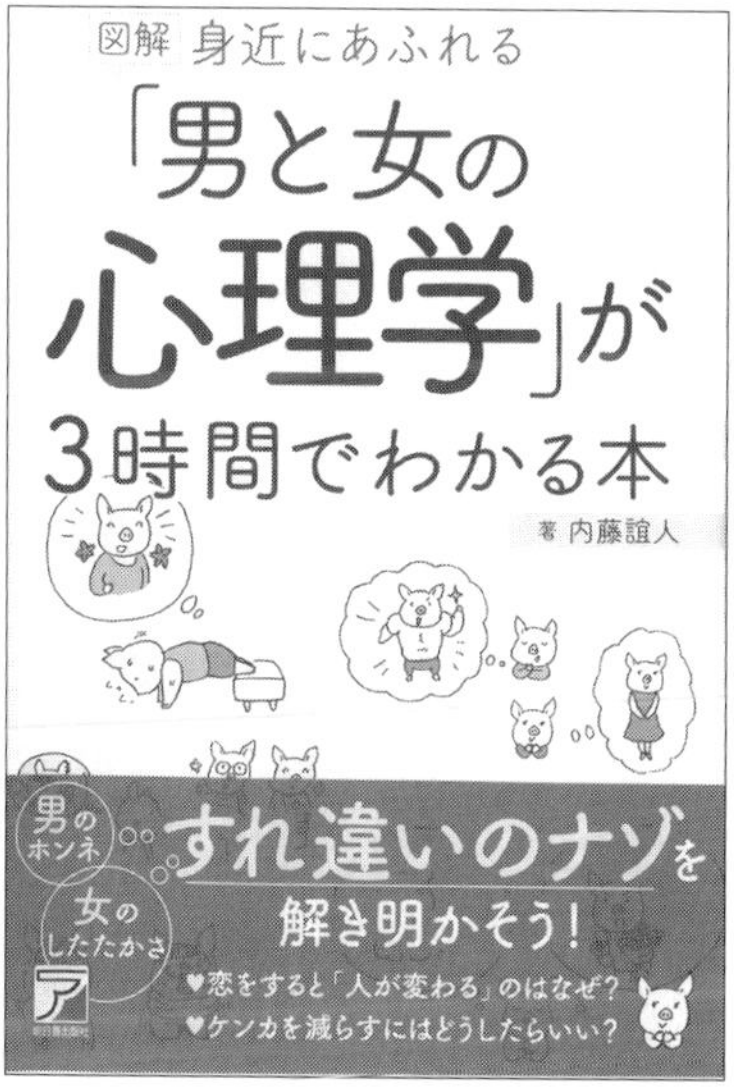

内藤 誼人著

B6並製　248ページ
本体価格　1,400円＋税

「心理」といえば人間関係、「人間関係」といえば男女間のすれ違いや誤解や衝突…が一番の関心事。

そんな「男女の人間関係」にまつわる心理学を、身近な事例を引き合いにまとめます。心理学の学術論文に裏付けされた内容をわかりやすいタッチでひも解く1冊です。

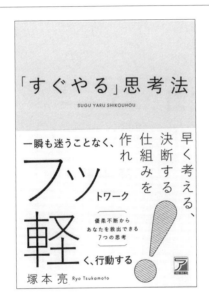